LOS 12 GRANDES ERRORES QUE PUEDEN DESTRUIR SU CASO DE INMIGRACIÓN

Y COMO EVITARLOS

Introducción

Cada caso de inmigración, incluso el más simple de los ellos, es un recorrido por un gran laberinto de complejas leyes, un viaje llego de giros y vueltas. En los casos de inmigración, el camino al éxito está lleno de obstáculos, bloqueos, desvíos y callejones sin salida. Usted necesita saber cómo navegar a través de este sistema, para evitar los errores que pueden desorientarlo, haciendo que se pierda dentro de él. Para incrementar sus oportunidades de alcanzar el éxito en su caso, usted necesita contar con información útil y verídica.

Debido a mi larga trayectoria de más de 25 años como abogado de inmigración, yo poseo esa información, y deseo compartirla con usted. Esta información es única, y su función es guiarle a través de su viaje por las leyes de inmigración, con el objetivo de obtener un resultado exitoso. Esta información seguramente podrá beneficiar miles de vidas, incluyendo la suya y la de su familia.

¿En qué fase está su caso de inmigración? ¿Está desalentado? Tal vez siente que no sabe cómo proceder. ¿Cuánto tiempo le tomará? ¿Cuánto le costará todo esto? ¿Le preocupa que lo que está haciendo no vaya a ser suficiente? Y ¿está bien lo que está haciendo? ¿Las cartas que ha recibido de las autoridades de inmigración no le dejan avanzar?

Ya sea que acabe de iniciar un proceso o se encuentran en medio de uno, e incluso si está planeando iniciar uno en el futuro, este libro le aportará grandes beneficios, aportándole valiosa información. Le mostrará los errores más comunes que cometen las personas y cómo evitarlos. En pocas palabras, aprenderá de los errores de los otros. Mi experiencia le demostrará cuál es el camino correcto a seguir para que su caso fluya fácilmente a través del sistema de inmigración de Estados Unidos.

Este libro ha surgido de la frustración que he experimentado como abogado de inmigración, de ver todos los errores que la gente comete en sus casos. He consultado con miles de clientes y he visto muchos tipos de errores, y es frustrante pensar que algunos de ellos serían increíblemente fáciles de evitar. Algunos se cometen al subestimar la complejidad de las leyes de inmigración, y otros debido a la ignorancia que se tiene el público sobre ese sistema. Otros errores se basan en suposiciones incorrectas, y otros a que la gente piensa que pueden afirmar cosas que no son ciertas. Este libro fue creado para ofrecerle una forma sencilla de evitar estos errores tan comunes.

Cada capítulo da ejemplos de los errores más comunes, y de una manera sencilla y fácil de entender, explico las cosas que debe saber sobre las leyes de inmigración, las cuales iluminarán su recorrido a través del laberinto de las leyes. Este libro no pretende ser un libro con casos y citas. En cambio, ofrece explicaciones sencillas de los conceptos jurídicos, los procedimientos y las instrucciones. En él, usted encontrará respuestas a muchas preguntas y la información que necesita para mejorar sus posibilidades de éxito. Además, también le advierte a evitar el que algunos de los datos que mencione o incluya en su trámite sea considerada como fraude, o que pueda interpretarse como ocultación de información o fraude.

Para cuando termine este libro, usted tendrá el conocimiento, el ánimo y la necesaria comprensión sobre lo que debe hacer, cómo hacerlo correctamente y qué debe evitar. Con una mente abierta, atención y paciencia, usted emprenderá su camino y tendrá una mejor posibilidad de ganar su caso. Evitará errores, y su proceso se fortalecerá a medida que toda esta información ilumine su recorrido. Comenzará a superar cualquier temor que tenga, y tomará las acciones necesarias para alcanzar su meta. Así que dele la vuelta a la página y ¡empiece ahora mismo!

Contenido

Capítulo 1:
Errores Típicos en las Aplicaciones

"Tu mejor maestro es tu ultimo error".

- **Ralph Nader**

La interacción más común que tendrá una persona con las autoridades de inmigración es cuando llena una de las múltiples aplicaciones que procesan. Probablemente, la razón número uno de los problemas a la hora de presentar sus solicitudes o peticiones a las autoridades de inmigración, es debido a algún tipo de error en el papeleo.

Estas aplicaciones a veces pueden ser bastante complicadas, y cualquiera puede cometer un error al llenarlas. La verdad es que a veces incluso los abogados cometen errores. La diferencia es que, las posibilidades de que un abogado se equivoque, disminuyen significativamente debido a su experiencia. Aprendemos de nuestros errores, y casi siempre sólo cometemos ese error una única vez. Por lo tanto, los abogados experimentados casi nunca cometen errores.

Imagine a una persona llenando una aplicación por primera (y probablemente única) vez en su vida. Generalmente no sabrá cómo hacerlo, y aprenderá en el camino. Un abogado de inmigración experimentado llena y presenta aplicaciones semanal mente, y algunas veces incluso diariamente. Cuando un abogado comete un error en una aplicación, la mayoría de las veces el error es mínimo, y puede ser corregido sin mucho problema.

1

Cuando una persona ha completado su propia aplicación y comete un error al hacerlo, lo más probable es que no se entere de lo que ha ocurrido sino hasta que reciba la carta de negación de su aplicación.

Cuando me preguntan si alguien necesita un abogado para agilizar su trámite, aconsejo a casi todos mis clientes potenciales que contraten a uno, debido a la alta incidencia de errores. El nivel de complejidad en algunas de estas aplicaciones es muy alto, y está poniéndose aún peor. Es evidente la necesidad de un abogado. Por ejemplo, el formulario para solicitar la naturalización (N-400) se actualizó recientemente. Le aumentaron más de 10 páginas, ¡ahora son 21! Hay otros formularios que también serán actualizados muy pronto, y créanme, no se harán ni más cortos, ni más sencillos.

Errores Comunes al Llenar los Formularios

Si va a llenar y presentar un formulario por su propia cuenta, entonces usted debe conocer los errores más comunes que cometen las personas al presentar sus solicitudes al Servicio de Inmigración y Ciudadanía de Los Estados Unidos, USCIS (United States Citizenship and Immigration Service). o a cualquier otra agencia relacionada con la inmigración:

No revisar su aplicación.

En mi oficina, cada aplicación y formulario que se prepara y/o envía, es verificado dos veces por mí y por mi asistente. Luego se la doy a mi cliente para que compruebe cuidadosamente los datos una vez más. De esa forma, podemos hacer cualquier corrección que se necesite ahí mismo, antes de enviar ningún documento a las oficinas de inmigración. La razón por la que sigo este proceso es para minimizar y eliminar todos los errores. Siempre revise sus aplicaciones y formularios una, dos y hasta tres veces.

Tengo algunos clientes que llenan y presentan sus propios formularios, pero me piden que los revise antes de enviarlos. Con este simple procedimiento se ahorran muchísimos problemas.

No enviar los formularios correctos.

No tiene idea de la cantidad de veces que recibo clientes que llegan a mi oficina después de haber llenado sus propios documentos, o luego de que le han pedido a algún "notario" u oficina paralegal que les haga el papeleo, y descubrimos que enviaron el formulario de aplicación equivocado. Por supuesto, esto es una indicación que quien lo llenó, no sabía lo que estaba haciendo.

Entender el proceso de inmigración requiere saber exactamente qué formulario se debe utilizar, y estos pueden variar, dependiendo de lo que usted esté solicitando. Evitar este grave error puede eliminar el estrés y las molestias al ocuparse del caso de una persona.

Obtenga ayuda si lo necesita, pero asegúrese de averiguar exactamente qué formulario usar. Sin importar lo que usted haya enviado, la USCIS le cobrará el honorario para el que usted aplicó, y finalmente le negarán la solicitud. No hay ningún reembolso. Peor aún, a veces toma meses, e incluso años, procesar la negación después de que se ha hecho la aplicación original, y usted termina perdiendo todo ese tiempo.

3

No enviar los debidos documentos de apoyo.

Llenar una solicitud es una cosa; Siempre digo que cualquier joven de 14 años puede llenar un formulario sin mucha dificultad. Pero asegurarse de que la solicitud se envíe con todos los documentos requeridos, eso es otra cosa. Uno tiene que saber exactamente qué es lo que debe enviarse con la aplicación.

Si se envían los documentos equivocados, o si no se envían todos los documentos necesarios, entonces la consecuencia podría ser que el proceso se retardara significativamente, o incluso que le negaran su caso. Algunas aplicaciones requieren una gran cantidad de papeleo, otras no tanto, y usted necesitará reconocer la diferencia.

No enviar la cuota correcta.

Muchas veces la gente llena los formularios, pero se olvidan de agregar el pago de la aplicación cuando los envía. Otras veces mandan el pago, pero es la tarifa incorrecta. Saber si hay que enviar un pago, y cuál es la cantidad correcta es sumamente importante. No enviar el pago hará que su aplicación se retrase o que se la envíen de regreso, y como resultado, podrá no cumplir con las fechas límite. Otro punto muy importante es que, si paga con un cheque personal, debe asegurarse de que el cheque es válido, y que tiene suficientes fondos en el banco.

Hace poco tuve un caso en el que preparé una aplicación para obtener el estatus de residente permanente legal de un cliente. Yo suelo entregarle el paquete de aplicación al cliente para que él lo ponga en el correo. Esta clienta incluyó un cheque para pagar la cuota de la aplicación. Sus problemas empezaron cuando el cheque rebotó, y por supuesto, el proceso de su aplicación fue suspendido. La USCIS le dio la oportunidad de enviar otro cheque, y le fijaron un tiempo límite para enviar el nuevo pago. Ella esperó hasta el último minuto para enviar la cuota correcta con un giro.

Sin embargo, todo parecía ir bien. Mientras esperábamos a que su caso fuera procesado, pudimos solicitar su documento de autorización de empleo.

Cuando fuimos a solicitar la extensión del documento por una segunda vez, un año más tarde, le fue negado, porque la USCIS pensó que nunca se había pagado la cuota de la solicitud original. Si ella hubiese enviado un cheque válido la primera vez, se habría evitado todos los problemas causados después de eso. Tuvimos que gastar mucho tiempo (y ella tuvo que cubrir una gran cantidad de gastos adicionales) para acreditarle a la USCIS que sí había pagado la cuota. A pesar de que ellos habían obtenido los fondos y el giro había sido cobrado, tuvimos que hacer muchísimos trámites para probárselos.

No registrar un cambio de dirección.

Es sumamente importante que las autoridades de inmigración tengan registrada una dirección actual y válida para cada persona que presente cualquier tipo de documento con ellos. Con los años, he visto muchas aplicaciones negadas o consideradas como abandonadas, debido a que el cliente nunca notificó a las autoridades de inmigración sobre su cambio de dirección. Como resultado, nunca recibieron las notificaciones que se les enviaron; ya sea que la oficina de inmigración les estuviera pidiendo información adicional o notificándoles de un paso adicional que necesitaban tomar.

Es importante avisarle a la oficina de inmigración sobre cualquier cambio de dirección que haga, sin importar si usted es el solicitante o el beneficiario. En nuestra oficina, hacemos cambios de dirección como parte de los servicios que ofrecemos para cualquier aplicación. Si no sabe cómo hacerlo, busque ayuda, pero hágalo inmediatamente.

Escribir la dirección equivocada (o con errores).

Incluso ahora, después de 25 años de ejercer la abogacía, tengo el hábito de revisar el sitio web de USCIS para confirmar la dirección a la que las solicitudes o peticiones han sido enviadas. La razón es que se sabe que estas direcciones cambian de vez en cuando. Toda esta información está disponible en el sitio web, para que la autoridad de inmigración pueda recibir los papeles.

No sacar copias.

Una de las cosas más frustrantes con las que me enfrento cuando estoy dándole consultoría a un cliente potencial, o cuando tomo un nuevo caso donde previamente se han presentado solicitudes por parte del cliente o de alguna oficina de notarios, es descubrir que no hay copias de los papeles que la persona presentó. Es muy importante saber qué información ha sido enviada a las autoridades de inmigración en la solicitud o petición. No tener copias de todo ello puede causar retrasos o causar problemas para cualquier cosa que se haga en el futuro.

La práctica estándar en mi oficina es hacer una copia de cada documento que se adjunte a la solicitud que se envía a las autoridades de inmigración. Incluso hago copias de los sobres en los que envío la documentación. Le doy una copia de todo eso a mi cliente, para que lo tenga archivado, y por supuesto, guardo copias electrónicas para mí, para poder acceder a ellas desde cualquier lugar.

Usando formularios incorrectos o no actualizados.

Las autoridades de inmigración están constantemente actualizando o cambiando las formas que los solicitantes o peticionarios usan. Un error común que veo con frecuencia es que las personas usan formularios que ya no están vigentes para sus aplicaciones o peticiones en la USCIS. Estas formas están actualizadas y disponibles en el sitio web de las autoridades de inmigración. La mayoría de ellas se puede encontrar en www.uscis.gov. El uso de formularios anticuados o no actualizados se considera inexcusable.

No cumplir con el plazo o la fecha fijada.

En ciertas aplicaciones o peticiones, existen plazos que deben cumplirse para calificar para cierto beneficio. Cualquiera de los errores enumerados anteriormente puede resultar en que no se cumpla con la fecha límite, y tal vez perder la única oportunidad para su presentación.

7

Esto resulta particularmente cierto en el caso de las apelaciones y mociones para reabrir o reconsiderar. Si falla en su fecha límite, aunque sea por error, seguramente no se le ofrecerá una segunda oportunidad. Esta es la peor pesadilla de un abogado.

El sistema de inmigración es implacable con los plazos. Tienen que serlo. Piénselo por un minuto: manejan decenas de miles de casos durante cualquier semana del año, y no tienen el tiempo ni los recursos para solucionar los errores que alguien más haya hecho. No pueden ser "buenos" con usted, porque luego tienen que hacer lo mismo con todos los demás. Tener normas estrictas les ayuda a mantener un sistema sobrecargado de trabajo con el menor número de problemas posible. Asegúrese de que conocer y estar consciente de su fecha límite.

No cometa el error de pensar que enviar algo por correo antes del plazo indicado significa que ha cumplido con ese plazo. Asegúrese de que la agencia adecuada obtiene la aplicación antes de la fecha indicada como fecha límite. Envíela por correo urgente si es necesario. Y recuerde que, aunque el error de fallar en su fecha límite no sea su culpa, la aplicación de todas formas se considerará tardía y rechazada. No espere hasta el último minuto para llenarla y procesarla.

Resumen

Su aplicación es su carta de presentación frente a las autoridades de inmigración. Es su primer contacto con ellos, y su primera oportunidad para causar una buena impresión. Asegúrese bien de cumplir con todos los puntos de este capítulo para que su solicitud no sea rechazada antes de siquiera ser considerada para su trámite, por algún error menor que pueda corregirse fácilmente.

Capítulo 2:
No Preparase Para Su Caso

"Si falla al prepararse, está preparándose para fallar".
Benjamín Franklin

Probablemente, casi todas las personas que viven en los Estados Unidos, que no son ciudadanos, tienen un caso en proceso, o iniciarán uno en el futuro. Incluso los residentes permanentes legales tramitarán su ciudadanía algún día. La preparación para su caso es muy importante. A lo largo de todos estos años durante los que he practicado la ley migratoria, he visto un grave error: cuando las personas vienen a verme me doy cuenta de que no se han preparado para su caso. Es más, ni siquiera han pensado en hacerlo. Me buscan porque ahora están enfrentando un caso (por ejemplo, un procedimiento de deportación), o porque finalmente quieren iniciar un caso y necesitan ayuda con ello.

Preparándose Para Un Caso Futuro

Si usted está en los Estados Unidos y sabe que va a enfrentarse a un caso con las autoridades de inmigración en el futuro, lo mejor que puede hacer es empezar a prepararse desde ahora. La preparación anticipada facilitará de gran manera cualquier trámite futuro (o de emergencia) que usted tenga que hacer. Algunos ejemplos de este tipo de casos pueden ser:

- una aplicación para la ciudadanía,
- una aplicación para estatus de residente permanente legal,
- un procedimiento de deportación o una petición para un familiar.

Estos son sólo algunos ejemplos, y hay muchas más posibilidades.

La primera cosa que debe hacer para empezar a prepararse para un futuro caso en este momento, es buscar asesoramiento legal profesional, con un experimentado abogado de inmigración. Usted deseará hacer esto para que saber con exactitud qué es lo que se requiere hacer. De esa manera, usted sabrá saber cómo proceder en cualquier momento del trámite.

Usted debe comenzar por guardar pruebas de todo. No tire papeles importantes (o incluso los que no sean tan importantes). Consiga una caja y empiece a poner cosas allí: registros médicos, registros escolares, compras importantes (como un coche), documentos de bienes raíces, arrendamientos, cheques cancelados, estados de cuenta bancarios y tarjetas de crédito. La lista sigue y sigue. Guarde cualquier tipo de papel que demuestre sus actividades en la comunidad, o cualquier otro tipo de evidencia que demuestre que usted está íntimamente involucrado. ¿Dona dinero o bienes a su iglesia u otra organización? Guarde las pruebas. ¿Envía dinero a su familia? Mantenga los recibos de las transferencias de dinero. Deseará mostrar todas las actividades que haya hecho en los Estados Unidos, que demuestren qué ha estado haciendo, y por cuánto tiempo.

Además del tipo de documentos mencionados, también querrá mantener todos sus documentos importantes en un lugar seguro. Estos incluyen cosas como

11

- certificados de nacimiento,
- certificados de matrimonio,
- certificados de divorcio (todos ellos),
- certificados de defunción,
- escrituras,
- facturas de sus autos,
- expedientes de adopción,
- pasaportes y cualquier otro documento importante de sus "acontecimientos de vida".

Yo también sugeriría que sacara buenas copias, a color, de todos ellos, y las mantuviera en algún otro lugar, con un familiar o amigo de confianza. Incluso le aconsejaría que los escaneara y guardara una copia virtual en el internet (con las aplicaciones de Google, Dropbox o Microsoft OneDrive). Tener copias de estos documentos puede facilitarle el obtener otros nuevos, si por alguna razón se pierden o se destruyen los originales.

Una muy importante pieza de evidencia, que es vital para muchos tipos de casos de inmigración, es la prueba de la presentación de declaraciones de impuestos. Me ha tocado ver, en ciertos casos de inmigración, como los jueces regañan fuertemente a los demandados en un tribunal abierto, debido a que no presentaron sus impuestos sobre la renta. También he visto jueces usar el hecho de que el demandado presentó impuestos de forma constante, cada año, como un factor favorable a su discreción para conceder el perdón que se busca ante el tribunal.

Para que una aplicación de naturalización que se conceda, y usted pueda obtener su ciudadanía, deberá indicar en la aplicación (y estar preparado para demostrarlo), que todas sus declaraciones de impuestos se han presentado como se debe. Todo el mundo necesita los registros de sus impuestos. No importa si está aquí en el país legalmente o sin documentos, porque aún si no está legalmente, tiene que presentar sus declaraciones de impuestos. Obtenga un Número Individual de Identificación de Impuestos (ITIN) del IRS y preséntelos. He incluido un capítulo separado sólo sobre este tema, ya que es sumamente importante.

Preparándose Para Un Caso En Curso

Si tiene un caso actualmente en una corte de inmigración, la USCIS o cualquier otra agencia de inmigración, usted necesita saber cómo prepararse. Una vez más, la mejor manera de aprender acerca de su situación específica es hablar con un abogado: el podrá aconsejarle sobre qué documentación necesita y cómo preparar y defender su caso.

En la mayoría de los casos, lo primero con lo que se empieza es con los documentos oficiales, tales como copias certificadas de actas de nacimiento, certificados de matrimonio, divorcio, defunción, antecedentes penales y declaraciones de impuestos. Si su caso involucra probar una penuria de un miembro de la familia (por ejemplo, una solicitud de dispensa), necesita obtener evidencia de esa penuria. Esa evidencia puede incluir registros médicos, registros de ingresos y declaraciones de amigos y familiares.

Si está tramitando estos casos con la ayuda de un abogado, usted será, realmente, el ayudante de su abogado durante esta preparación. Un buen abogado de inmigración le dará instrucciones precisas sobre qué tipo de documentación necesita. Al tomar un caso de inmigración, una de las primeras cosas que hago con mis clientes es asesorarlos sobre qué documentación necesito para la preparación de sus casos. También les explico en detalle exactamente lo que vamos a hacer, para ayudarles a evitar su deportación o para solicitar cualquier tipo de beneficio. Educar a mis clientes es vital, para que entiendan qué es lo que estamos haciendo y por qué lo que tenemos que hacer.

Preparándose Para Los Costos

Una enorme frustración con la que muchos de mis clientes se encuentran cuando vienen por ayuda es el no tener los fondos necesarios para hacer el trabajo que hay que hacer para ayudarles a lo largo de su caso. Siempre que ofrezco una consulta, les instruyo sobre los costos del trámite que desean realizar, así como los del abogado. De esta manera, estarán preparados para enfrentarlos cuando se inicien sus casos, o cuando los mismos deban ser cubiertos.

Una de las peores cosas que podrían suceder cuando alguien se enfrenta a su caso de inmigración, sobre todo si es repentino, es no tener el dinero para darle continuidad a una aplicación de la forma correcta, o defenderse contra la deportación. He visto personas con casos muy buenos que deciden renunciar y permiten su deportación, porque simplemente no tenían el dinero para contratar un buen abogado que les ayudara. Es mucho más fácil prepararse para algo cuando se tiene un buen margen de tiempo, y resulta verdaderamente desastroso quedarse atrapado en una situación y tener que luchar para conseguir los documentos y, además, el dinero para salir del aprieto. Empiece a ahorrar ahora, para que esté preparado.

Tuve una cliente que vino a consultarme su caso. Ella sabía que en algún momento enfrentaría un caso de deportación, y quería saber qué podía hacer ahora, en caso de que fuera detenida. Yo le proporcioné todos los detalles. Los años pasaron y poco a poco, ella ahorró para lo inevitable.Un día, mientras estaba en el trabajo, las autoridades de inmigración allanaron la fábrica y fue detenida. Debido a que estaba preparada financieramente, fue capaz de contratarme inmediatamente para hacerme cargo de su caso.

Además, fue capaz de pagar su fianza, la que obtuve en unos pocos días, y empezamos su defensa de deportación. Ella también se preparó con el papeleo. La mayoría de las personas que fueron detenidas en su trabajo ese mismo día, fueron deportadas.

Tardó más de tres años, pero fue capaz de ganar su caso y obtuvo su tarjeta verde. Hoy, ella es una ciudadana de Estados Unidos, y pudo hacer la petición de su madre y otros miembros de su familia para que pudieran reunirse con ella. Todos deberían seguir su ejemplo y estar preparados.

Resumen

La preparación es muy importante para la mayoría de casos de inmigración, y la preparación financiera es tan importante como la recopilación de documentos. El evitarse problemas en un caso implica prepararse para él.

Ahórrese el estrés, la preocupación y la angustia al prepararse con suficiente anticipación.

Capítulo 3:
No Asistir A Una Audiencia o Entrevista

"El mundo está dirigido por aquellos que se presentan"

Autor Desconocido.

No asistir a las Audiencias o Entrevistas con USCIS

Estoy seguro de que cualquier persona que esté leyendo esto puede imaginarse que perderse una audiencia, una entrevista para una petición de inmigración, o una aplicación es casi siempre fatal. Generalmente, el resultado es una orden de deportación por parte una corte de inmigración, o la negación de una solicitud o petición con la USCIS o con otra autoridad de inmigración.

Problemas con su Dirección

Algunos errores comunes que causan que ciertas personas no asistan a sus audiencias o entrevistas son bastante simples, como no haber proporcionado una dirección correcta a la agencia de inmigración que maneja su caso, y, por lo tanto, no recibir la notificación para dicha audiencia o reunión. Mantener sus datos al corriente con las autoridades de inmigración es, además de obligatorio, beneficioso para usted.

Siempre recomiendo que cuando mis clientes se muden y cambien su dirección de residencia, vengan conmigo inmediatamente. Así, podemos llenar el papeleo correcto para notificar a la agencia, tribunal u otra autoridad de inmigración apropiada. Después de eso, les aconsejo que se aseguren de que estar debidamente registrados con la oficina de correos en su dirección actual. Varias veces, he tenido clientes que me dicen que están preocupados de que su correo no llegue a su dirección. Si ese es el caso, les animo a obtener una casilla postal o una dirección segura, donde puedan recibir el correo de las autoridades de inmigración sin contratiempos.

El Gobierno siempre debe tener la dirección de donde usted vive. Les puede proporcionar una dirección de correo electrónico, además de la dirección de su residencia. También les sugiero a mis clientes que vayan a su oficina de correos local para asegurarse de que su nombre está registrado correctamente con la dirección que están utilizando. Esto es porque algunos correos, incluyendo cualquier correo de la USCIS u otras agencias de inmigración, no están autorizados para entregarse en un buzón (apartado postal) cuando el destinatario no aparece registrado en ese lugar. La oficina de correos tiene instrucciones de devolver el correo a las oficinas del gobierno, en lugar de enviarlas a una nueva dirección.

Asistencia a las Audiencias

Faltar a una audiencia con la corte de inmigración probablemente resultará en una orden de deportación. A esta se le llama una *orden dictada en rebeldía*. Si a una persona le emiten una orden en rebeldía, es difícil deshacer el daño hecho; pero, aun así, puede haber una manera de revertirla. Esto se hace a través de una moción para reabrirla.

Si faltó a una audiencia, vaya a ver a un abogado de inmigración inmediatamente. Esto es algo que no debe tratar de hacer usted solo.

Necesita la experiencia de alguien que sepa cómo preparar este tipo de movimiento ante el tribunal. Es importante recordar que, si esto le sucede a alguien, debe actuar rápidamente, porque siempre se fijan fechas límites bastante cortas para que una persona presente una moción de reapertura. Cuanto antes se presente una moción de reapertura en la corte, más probable es que la misma sea otorgada.

Sin embargo, esto depende de que usted tenga una explicación muy buena y razonable de por qué no fue a la cita en primer lugar. Sin embargo, la mejor manera de evitar problemas con una corte de inmigración, es que no se pierda ninguna audiencia.

Si no asiste a una audiencia con la oficina de servicio inmigración y ciudadanía de Estados Unidos, el resultado habitual es que se le niegue cualquier solicitud o petición que haya tramitado. Normalmente, no habrá ninguna manera reabrir ese caso. Puede haber una posibilidad de presentar una moción a reconsiderar, pero es algo costoso, y en la mayoría de los casos, no merece la pena el gasto. Un buen abogado de inmigración puede ayudarle a determinar si usted puede hacer eso con su caso.

En la mayoría de los casos, la persona tiene que volver a presentar la aplicación, y en algunos casos, ni siquiera podrán hacer eso. Esto es porque hay ciertas aplicaciones que tienen plazos específicos asociados. Si la solicitud es presentada en tiempo, pero se niega más tarde debido a haber faltado a la entrevista o audiencia, es probable que usted no pueda volverla a presentar, porque se perdió la fecha límite para hacerlo.

En todos mis casos, siempre instruyo a mis clientes sobre la importancia de presentarse a sus citas o audiencias, y les informo sobre las graves consecuencias de faltar a una de ellas. En cualquier aplicación o proceso legal que estemos haciendo en la corte o con una agencia, tenemos una sola y única oportunidad, y le aclaro a mi cliente que las consecuencias de no asistir a cualquier audiencia, cita o entrevista serían fatales para su caso.

La razón #1 de que las personas no asistan a sus citas o audiencias es simple miedo. He dedicado todo un capítulo de este libro al tema del miedo. Sin embargo, la mayoría de las veces, el miedo es infundado. Tener un abogado a su lado puede ayudarle a deshacerse del miedo. Una de las formas en las que ayudo a mis clientes a lidiar con sus temores es educándolos, dándoles información. Les dejo saber cuáles son todas las posibilidades. He comprobado que, mientras más información comparta con mi cliente tiene y más los eduque acerca de su caso, menor será su miedo. También los animo a que me digan cuál piensan ellos que podría ser la causa de su temor. De esta manera, puedo abordar sus miedos o preocupaciones y ayudar a eliminarlos, o por lo menos a reducirlos.

Resumen

Las consecuencias de no asistir a una audiencia, cita o entrevista son graves y devastadoras para un caso. Asegurarse de nunca faltar a una de ellas, es crucial. Para asegurarse de que obtendrá sus avisos, actualice siempre su dirección con las autoridades de inmigración. Si llega a faltar a una cita, consulte inmediatamente con un abogado de inmigración para determinar si hay alguna manera de remediar las consecuencias.

Capítulo 4:
Mentir Acerca de su Información u Ocultarla

Aquel que se permite a sí mismo mentir una vez, encuentra mucho más sencillo hacerlo una segunda y una tercera vez, hasta que se le hace un hábito; dice mentiras sin siquiera darse cuenta, y dice verdades sin que el resto del mundo le crea. Esta falsedad de la lengua lleva a la falsedad del corazón, y, con el tiempo, le despoja de todas sus buenas disposiciones.

- **THOMAS JEFFERSON**

Los jueces y funcionarios de inmigración están capacitados profesionalmente para detectar el fraude. Debido a que el fraude es un problema enorme en muchos de los procesos de inmigración que procesan, una buena parte de su entrenamiento consiste en detectar la mentira y el engaño. Saben cómo detectar cuándo una persona está mintiendo, o cuando está ocultando información.

Todos tenemos un entendimiento común de lo que es el fraude. Generalmente, cuando pensamos en fraude, nos imaginamos a alguien que está mintiendo, alguien que está ocultando deliberadamente información, o alguien que simplemente está haciendo algo malo para defraudar a alguien. Las leyes de inmigración también lo ven de esa manera. Sin embargo, según la forma en que se aplican las leyes de inmigración, hay actos aparentemente inocentes que se interpretan como fraude, aunque no sean fraude en el sentido tradicional.

22

Un ejemplo simple sería una hija soltera que recibió una visa de viaje para venir a los Estados Unidos porque su madre hizo la petición. Ella va a la embajada y recoge su visa. En un esfuerzo por mostrar su verdadero amor a su novio de hace mucho tiempo, ella se casa con él dos días antes de subirse al avión para ir a los Estados Unidos. Ella entra con una visa que fue emitida para un hijo soltero de un ciudadano americano, pero ahora ella está casada. Años más tarde, ella va a solicitar su ciudadanía, o hace una petición para su marido, y las oficinas de inmigración descubren que estaba casada cuando entró a los Estados Unidos, con una visa emitida para un hijo soltero de un ciudadano de los Estados Unidos. Las autoridades de inmigración ven esto como fraude. Claramente, ella no tenía la intención de defraudar al gobierno. Sin embargo, al casarse antes de entrar en los Estados Unidos, que fue exactamente lo que hizo, según lo interpretado por las leyes de inmigración.

Mis años de experiencia me han llevado a la conclusión de que mentirles a las autoridades de inmigración, o esconderles información, es probablemente uno de los errores más peligrosos y arriesgados que mis clientes hacen. Esto es aún más cierto en estas épocas en las que la tecnología ha avanzado tanto. El nivel de sofisticación de los programas de computadoras y hardware que está utilizando el gobierno para la investigación es cada vez mayor y mayor.

Son capaces de llegar a las bases de datos de otros organismos y organizaciones que contienen la información que puede contradecir o exponer el ocultamiento o la mentira que está siendo fabricada por el cliente. Cuando voy a las entrevistas o audiencias con mis clientes, me asombro cuando veo el tipo de información que encuentra el sistema del gobierno. hacen que me rasque la cabeza, diciendo, "¿Cómo lo descubrieron?"

Pero exponer un fraude no siempre requiere una tecnología sofisticada. En un caso que tuve recientemente, mi cliente hizo una petición para su esposa, que estaba fuera de los Estados Unidos. Estos procesos a veces pueden tomar desde un año a dos años, dependiendo del país. Finalmente, lo llamaron para su entrevista en la oficina local de la USCIS. Cuando se presentó a la entrevista, los oficiales le presentaron las fotos de su cuenta de Facebook, en donde aparecía con otra mujer. Lo interrogaron acerca de ella, y el i intentó explicarse a sí mismo, diciendo que estaba en una relación con ella antes de su matrimonio actual. Pero como se puede imaginar, las cosas no le estaban saliendo muy bien en esa entrevista. Él quedó la incertidumbre, ignorando si su aplicación iba a ser aprobada o negada. Sólo entonces decidió ir a ver a un abogado.

Tenía otra cliente que estaba siendo solicitada por su marido, y ambos vivían aquí, en los Estados Unidos. En la entrevista, ella se enfrentó con el hecho de que el funcionario que les casó había utilizado su dirección para una aplicación de licencia de conducir bastante sospechosa, aunque eso había sucedido mucho tiempo antes. Pasamos mucho tiempo reuniendo pruebas y llenando papeles. Estábamos tratando de convencer al oficial de inmigración que este hombre era un amigo de la familia desde hacía mucho tiempo, y que ella le permitió utilizar la dirección de su casa para obtener esta licencia, y que no estaba en ningún tipo de relación romántica con ella. El oficial sospechaba que ella podría haber sido novia del funcionario, y que este hombre podía haber arreglado el matrimonio, para que pudiera obtener su documento para residir de manera legal en los Estados Unidos

Podría escribir un libro entero lleno de ejemplos de por qué usted no debería ocultar información ni mentirles a las autoridades de inmigración. Es muy probable que vaya a ser descubierto. Las probabilidades están en contra de que pueda salirse con la suya, y lo más probable es que lo atrapen.

Es triste ver cuando esto les sucede a mis clientes, o a los individuos que manejan su caso sin un abogado. La razón por la que digo que es triste es esta: Si hubiesen dicho la verdad en lugar de fabricar u ocultar la información, nada de eso hubiera sucedido. Simplemente habrían sido cuestionados sobre los hechos y la aplicación o el caso hubiera sido procesado sin ninguna consecuencia. Al cometer fraude, se colocaron en una situación incómoda que podrían haber evitado si hubiesen dicho la verdad.

Las Consecuencias de Mentir u Ocultar Información

Fraude por Matrimonio.

Si inmigración determina que usted ha cometido fraude de matrimonio (es decir, que han utilizado el sistema de inmigración para tratar de obtener un estatus legal a través del matrimonio), las leyes son muy claras acerca de las consecuencias. Se le prohibirá, permanentemente, obtener cualquier beneficio del gobierno, incluso si usted nunca se casa otra vez. Casi no hay excepciones a esta regla.

Por esta razón siempre aconsejo a mis clientes que nunca hagan esto. Cuando alguna persona viene a mi

25

oficina y detecto que su caso está basado en fraude, inmediatamente le aconsejo que no proceda, porque las consecuencias son sumamente graves. Me niego a llevar su caso porque no quiero ser parte del fraude.

Inadmisibilidad.

Otra consecuencia del fraude en el sistema de inmigración es que su solicitud no será admisible. Esta Inadmisibilidad significa que no se le permitirá entrar en los Estados Unidos. Esto podrá parecerle extraño a algunas personas, porque ya están en los Estados Unidos, pero el término *inadmisibilidad* significa que el gobierno estadounidense no va a brindarle ningún estado que le permitirá llegar a ser legal algún día en los Estados Unidos.

Negación de la Aplicación o Petición

La consecuencia natural de ser atrapado cometiendo fraude en el sistema de inmigración es que, seguramente, cualquier solicitud o petición que usted presente le será negada. En raras ocasiones, puede que le ofrezcan una oportunidad para que presente una exoneración, pero es la excepción a la regla. Una exoneración es una especie de perdón: si se la conceden, la ley que le castigaría por el fraude (o el motivo de la exoneración) no será aplicable y se le perdonará el haberlo hecho, pero en la mayoría de las veces, simplemente se le negará la solicitud. Y en muchos casos, se iniciará el proceso de remoción (deportación).

Incluso si usted ya está siendo acusado de fraude, puede haber maneras de evitar la consecuencia de una negación. Para que eso suceda, debe hablar con un abogado de inmigración experimentado, para ver si puede calificar para ciertas exoneraciones, ya que estas son extremadamente complejas y costosas de preparar. Un abogado de inmigración experimentado la puede preparar una para usted, pero necesita comprender que no existe ninguna garantía de que ésta le sea otorgada. La mejor manera de evitar el tener que presentar una exoneración es evitar el fraude o el engaño desde el principio.

Negativa Después del Hecho.

La mejor manera de explicar esta consecuencia es con el ejemplo de un cliente que vino a verme recientemente. Había sido un residente legal por más de 20 años. Obtuvo su estatus de residencia permanente por matrimonio con una ciudadana americana hace dos décadas, lo que provocó que el oficial de inmigración investigara más profundamente su caso. En la entrevista, el oficial comenzó a hacerle muchas preguntas acerca de su matrimonio con su ex esposa.

Al parecer, durante la aplicación para la ciudadanía, este oficial descubrió que había engendrado a un hijo durante el mismo tiempo en el que estaba aplicando para su estatus de residente permanente legal a través de su ex esposa. En otras palabras, él aplicó, fue a una entrevista, recibió su tarjeta verde y su concubina dio a luz a su hijo, fuera del matrimonio. Tuvo que explicar cómo era que estaba casado con una esposa, ciudadana de los Estados Unidos, mientras que estaba teniendo una relación y engendraba a un hijo con otra mujer.

Para colmo, se divorció de su esposa después de dos meses de obtener su estatus de residente permanente y del nacimiento de su hijo. Por supuesto, se imaginará que ya sospechaban que había cometido fraude hacía 20 años. ¿Se imagina lo sorprendió que estaba cuando le dijeron que las autoridades de inmigración iban a iniciar un proceso de deportación para retirarle su estatus de residente permanente por haber cometido fraude hacía dos décadas?

Sí, es correcto. Inmigración puede quitarle cualquier estatus que ya le haya dado. Si el fraude es descubierto, incluso si es 20, 40 o 60 años más tarde, pueden deshacer lo que hicieron. Así es cómo las autoridades de inmigración pueden quitarles la ciudadanía y el status de residentes permanentes a las personas a las que descubran que mintieron en algún momento del proceso.

Algunos ejemplos notorios son los casos de soldados nazis que fueron descubiertos en los Estados Unidos, viviendo cómodamente de su jubilación, con ciudadanía estadounidense. El gobierno pudo demostrar fraude en sus solicitudes de décadas atrás, cuando se les preguntaba si alguna vez habían sido parte del partido Nazi. La prueba fue presentada, y se iniciaron los procesos de desnaturalización, seguidos por la deportación, debiendo enfrentarse a su acusador en su país de origen.

Resumen

Cuando hable con las autoridades de inmigración, ya sea ante un juez en una corte de inmigración o con un empleado de otra agencia de inmigración, diga siempre la verdad. No invente cosas, no oculte hechos y no suponga que no van a descubrir la verdad. Incluso una inocente pérdida de la memoria puede ser perjudicial para su solicitud o petición. Mi mejor consejo es que, si usted tiene cualquier tipo de duda, busque siempre la opinión legal de un abogado con experiencia. Evitar los problemas antes de que ocurran es lo más inteligente que puede hacer.

Capítulo 5:
Errores en la Declaración
Jurada de Apoyo

"Los números gobiernan el universo."

- **Pitágoras (582 A.C. – cerca de 507 A.C.)**

Con pocas excepciones, las peticiones para un miembro de la familia deben ir acompañadas de una Declaración Jurada de Apoyo. Esta forma es conocida como la I-864. La forma fue actualizada recientemente por la USCIS, y como se imaginarán, no está más sencilla de llenar.

El propósito del formulario se basa en el concepto general de que una persona que emigre a los Estados Unidos, por petición de un miembro de la familia, no debe convertirse en una carga (es decir, un gasto) para el gobierno. El miembro de la familia debe llenar este formulario y demostrar que tienen suficientes ingresos o bienes suficientes para respaldar a la persona que va a inmigrar a los Estados Unidos, basándose en las Directrices Federales de Pobreza (Federal Poverty Guidelines) para el año en curso. (Cambia cada año).

Para que la visa se adjudique o se conceda el cambio de carácter, el cónsul u oficial de inmigración debe ver pruebas (junto con la Declaración Jurada de Apoyo) que demuestren que la persona que entra en los Estados Unidos no va a ser una carga para el gobierno. Se trata de una aplicación requerida porque la ley estadounidense requiere que no se otorguen visas a personas que puedan convertirse en una carga pública.

No Incluir la I-864

El primer error que la gente hace cuando llena sus papeles durante sus peticiones o solicitudes es que olvidan incluir la I-864. Aunque este error no siempre es fatal, puede causar retrasos en el proceso, a veces durante muchos, muchos meses. Y, además, de vez en cuando si resulta ser fatal.

Muchas personas vienen a consultarme después de que se les negó la petición de visa para un miembro de la familia que vive fuera de Estados Unidos. Después de investigar el caso, averiguo que la razón de la negación fue que la Declaración Jurada de Apoyo requerido por la Embajada no se llenó correctamente, o no satisfacía los requisitos para demostrar que la familia no sería una carga para el gobierno. Si lo hubieran hecho bien la primera vez o le hubieran solicitado a un abogado que les ayudara, se habrían evitado el problema, la molestia, y la angustia de una

Registrar un Ingreso no Calificado

El segundo error más común que cometen las personas es registrar un ingreso que no está calificado. Esto significa que sus ingresos no cumplen con las Directrices Federales de Pobreza para demostrar que serán capaces de mantener a la persona que recibe la visa o estatus de residente permanente legal. Cada vez que preparo una declaración jurada de apoyo, siempre confirmo que los mencionados ingresos de la persona que firma el apoyo sean más de lo que requieren las directrices. La exactitud de estos números en la declaración jurada es vital para la aplicación, y usted necesita asegurarse de que se llenen correctamente.

Cuando se requiere una Declaración Jurada de Apoyo, uno de los mayores problemas que tengo es que la persona que presenta la petición no tiene suficientes ingresos para calificar, y que la aplicación se otorgue. Siguiendo las reglas, se puede buscar alguien que sirva como un copatrocinador al beneficiario de la visa. Encontrar a alguien que esté dispuesto a llenar la declaración jurada de apoyo como uno de los copatrocinadores no siempre es fácil, especialmente cuando descubren exactamente a lo que se están comprometiendo ellos mismos al hacerlo.

Cualquiera que llene la Declaración Jurada de Apoyo y la firme, como principal patrocinador o copatrocinador, está, esencialmente, dando garantías al gobierno de que el beneficiario de la visa o cambio de estado no va a convertirse en una carga para el estado (es decir, el gobierno). Si ese beneficiario recibe los beneficios del gobierno, también están garantizando, mediante la firma de la declaración jurada, que reembolsarán al gobierno por los costos en que éste haya incurrido.

Hay diferentes maneras en las que las promesas ofrecidas en la declaración jurada pueden ser aplicadas por el gobierno, o incluso por la persona que recibió la visa o cambio de estado. Por ejemplo, cuando una ciudadana de Estados Unidos hace una petición para su esposo, ella tiene que firmar una declaración jurada de apoyo. Supongamos que un año y medio después se separan, y el marido es incapaz de obtener trabajo por alguna razón, o el trabajo que él tiene no es suficiente para cubrir sus gastos. Ante ese escenario, la esposa se encargará de la manutención, según en la declaración jurada que firmó y presentó ante las autoridades de inmigración. Ahora vamos a suponer que se divorcian. Incluso dado ese escenario, la ex esposa puede ser responsable de proporcionar apoyo financiero a su marido, si él no puede conseguir trabajo.

Un gran mito es que la Declaración Jurada de Apoyo expira después de un cierto período de tiempo. Esto no es exactamente correcto. Una Declaración Jurada de Apoyo obliga indefinidamente a las personas que la firman, mientras la persona que reciba la visa se convierta en un ciudadano de los Estados Unidos. Hay algunas excepciones a esto, pero es la realidad para la mayoría de todos los casos.

Asegurándose de Hacerlo Correctamente

Cuando hay que presentar una Declaración Jurada de Apoyo con una aplicación, usted debe presentar una como el peticionario. Este es el caso, incluso si el peticionario tiene cero ingresos. Entonces, usted presentará la declaración jurada que refleje los ingresos en cero del peticionario. A continuación, puede preparar y presentar la declaración jurada de los copatrocinadores, junto con la primera declaración jurada.

Cada persona que presenta una declaración jurada debe incluir tres cosas con ella:

1. **Prueba de su estatus legal en los Estados Unidos:** Esto puede hacerse con un certificado de nacimiento, un certificado de naturalización, un pasaporte o una copia de su tarjeta de residente permanente legal.

2. **Una copia de su declaración de impuestos más reciente.** Ahora se necesitan las transcripciones de los impuestos, los cuales se pueden obtener directamente del servicio de rentas internas.

3. Si la persona está empleada, debe incluir **una carta de su empleador**, confirmando su empleo, título de la posición o puesto de trabajo e ingresos. Si son trabajadores por cuenta propia, deberán presentar la última declaración de ingresos y egresos de su negocio.

Todo esto se incluye con la declaración jurada I-864, cuando se presenta la solicitud principal. Hay una manera de presentar una declaración jurada cuando una persona está viviendo de sus activos. En esos casos, recomiendo fuertemente que la persona contrate un abogado de inmigración experimentado para asegurarse de que la declaración jurada, junto con toda la evidencia adecuada, estén preparadas de forma correcta.

Resumen

Para evitar los errores en la declaración jurada, siempre debe asegurarse de lo siguiente:

- Esté seguro de cuándo debe enviarlo (y cuándo no).

- Asegúrese de saber bien cuáles son las formas y los documentos de apoyo que necesita llenar con la Declaración Jurada de Apoyo.

- Evite atrasos al asegurarse de que la persona que firma la Declaración Jurada de Apoyo tiene el suficiente ingreso económico, según lo establecido en las Directrices Federales de Pobreza.

- Asegúrese de llenar las formas correcta y completamente.

- ¡No se olvide de firmarlas!

Capítulo 6:
Errores en la Entrevista

"Las personas inteligentes aprenden de sus errores. Pero las realmente brillantes, aprenden de los errores de otros".

- **Brandon Mull,** *Fablehaven*

Ha llegado el día de su entrevista, y usted está sumamente nervioso. Los niveles de estrés y la tensión son altos. ¿Está listo para esto? ¿Tiene todo lo que necesita? ¿Sabe lo que está haciendo? ¿Se ha preparado adecuadamente para el proceso?

El número de errores que he tenido que arreglar porque los clientes fueron a sus entrevistas sin prepararse, es incalculable.

No Asistir a la Entrevista

Un error obvio es no asistir a la entrevista. Esto puede suceder por diversas razones. Tal vez está tan nervioso que pierde el control, y no va porque tiene miedo. Tal vez olvidó enviarle a la USCIS su última dirección actual, o tal vez el correo no le llegó. Hay diferentes maneras de asegurarse que reciba las notificaciones de todas las fechas de las entrevistas. Una de las mejores maneras es tener un abogado, quien obtendrá una copia de todo lo que usted necesita, incluyendo las fechas de audiencia. Obviamente, la consecuencia más probable de que falte a una audiencia será, entre otras, que se le denegará la solicitud o petición.

Con la ayuda de un abogado, podría haber ciertas maneras de revertir esto.

No Anexar Documentos Importantes

Otro error común es olvidarse de anexar documentos importantes. En el aviso de audiencia de la USCIS, siempre hay una lista de documentos importantes que deben ser llevados a la cita. Cuando represento a alguien que tiene una entrevista, me siento con ellos unos días antes de la cita, reviso con ellos todo lo que va a pasar en la entrevista y les recuerdo todos los documentos que necesitan llevar con ellos. Incluso habiéndolos preparado de esta manera, he tenido clientes a los que se le olvidan ciertos documentos. Una vez, una pareja a la que representaba simplemente se presentaron, sin llevar nada con ellos. Como se imaginarán, su caso no fue tan exitoso.

Hablar Demasiado

Siempre que preparo a alguno de mis clientes para testificar, ya sea en la corte o en una entrevista de la USCIS, les doy un ejemplo de cómo responder a una pregunta mostrándoles una pluma.

Les pregunto, "¿Qué es esto?" la mayoría de las veces, obtengo una respuesta sencilla: "Es una pluma". Y entonces digo, "Exactamente". Nadie les solicitó ninguna otra información específica, simplemente tenían que decir qué era lo que les mostré. No pregunté sobre la marca, el tipo, el tamaño, el color de la funda, el color de la tinta, ni ninguna otra cosa. Sólo les pedí que me dijeran lo que era. Este es un buen consejo para cualquier tipo de audiencia o entrevista, independientemente de la ocasión, ya sea penal, de inmigración, o civil. <u>Respondan sólo lo que le pidan</u>.

Debido a que estaban nerviosos, he tenido clientes que empezaron a hablar demasiado, y no se dedicaron simplemente a responder a la pregunta que se les hizo. En uno de esos casos, mi cliente hablaba y hablaba tanto, que empecé a tratar de patearle debajo de la mesa para que se callara. Hablar demasiado puede ser un arma de dos filos durante el interrogatorio. Esto les ha sucedido a muchos de mis clientes, incluso después de prepararlos en mi oficina. Por favor recuerde escuchar las preguntas y responder sólo lo que le preguntan. No adorne ni divague, a menos que sea absolutamente necesario (que normalmente, no lo es).

Presentar los Documentos Equivocados

Igual que el primer error de olvidar los documentos, **otro error es llevar los documentos incorrectos a una entrevista**. Mucha gente también olvida llevar los documentos originales con ellos, a pesar de que en la notificación de la entrevista se les recuerda que lo hagan. En la mayoría de entrevistas, el oficial de audiencia puede

38

querer ver los documentos originales, tales como certificados de nacimiento, certificados de matrimonio, defunción y divorcio. La razón por la que el oficial necesita ver estos es para poder comparar los documentos originales con las copias que le fueron enviadas con la solicitud o petición. Olvidar los documentos, presentar los documentos que no son, o no presentar los documentos originales puede causar retrasos en la tramitación de una solicitud o petición. En algunos casos, puede incluso resultar en la negación de una solicitud.

Si la persona entrevistada no sabe inglés, deberán traer un intérprete. Sin un intérprete, su caso podría retrasarse o incluso ser negado. En la mayoría de los avisos de audiencia o entrevista, se establece claramente que un intérprete debe acompañar a la persona entrevistada, si ésta no sabe hablar inglés. *Puede* que no necesite un intérprete, porque *pude* que el oficial hable su idioma, pero esto no es normalmente el caso. La única vez en la que se contará con un intérprete por parte del gobierno, es en una corte de inmigración. Para todo lo demás, siempre deberá llevar un intérprete con usted, de manera que esté accesible si lo necesita.

Discutir con el Oficial

Nunca discuta con el oficial de audiencias. Aunque usted crea que tiene la razón. Incluso podría ser que usted tenga la razón y ellos no, pero la mayoría de las veces, no va a llegar a ninguna parte si discute con él. No discuta con el oficial de audiencias nunca. Hay otras formas de hacerse entender y exponer sus puntos. Discutir con los funcionarios de audiencia, jueces o quien tenga la autoridad para tomar una decisión sobre su caso o solicitud, no le llevará a ninguna parte.

Su Aspecto

Por último, **vístase adecuadamente**. No va a un club nocturno ni a una discoteca, y esta no es la boda de su primo. Vístase con buena ropa, de forma casual o conservadora. Vestirse con sencillez es una buena idea. No se ponga algo demasiado llamativo. Y por favor, deje todas las joyas en casa, excepto los anillos de boda y accesorios simples. Recuerde: a donde usted va, la percepción es muy importante.

Resumen

Su entrevista es sumamente importante. Tendrá la oportunidad de estar frente a frente con los oficiales me inmigración y hablarles sobre su caso, resolviendo cualquier duda que puedan tener. Aproveche esta oportunidad preparándose adecuadamente con la ayuda de su abogado y cause una magnífica impresión que ayude a su causa.

Capítulo 7:
Conozca Su Estado

"El conocimiento le hará ganar la mitad de la batalla".

- **Anthony J. D'Angelo**

La mayoría de las veces, la gente sabe qué estatus migratorio tienen en los Estados Unidos. Esto no siempre es un problema muy grande, pero es un error que sucede a menudo; por lo tanto, merece la pena describirlo en este libro. Es importante saber qué estado migratorio tiene usted en los Estados Unidos. De esa manera, usted sabrá lo que puede o no puede hacer en el futuro, dependiendo de su estado.

Hay tres categorías en las que usted puede encontrarse: Puede estar

- "en el estado,"
- "fuera del estado",
- "no tener ningún estado".

Déjeme explicarle exactamente lo que cada uno de los términos significa.

Estando en el Estado

En general, estar en estado significa que tiene permiso legal para estar en los Estados Unidos. Esto puede incluir cualquier cosa, desde tener un estado de residente permanente legal, ciudadanía o una visa que no haya

41

expirado. Podría significar también cualquier otro tipo de estado que le hayan dado las autoridades de inmigración, y que le permita estar en Estados Unidos por algún motivo, y con algún tipo de estatus legal.

Podría ser una visa de estudiante, o incluso puede que se le haya dado asilo. Podría ser una de las muchas diferentes visas de trabajo, o puede encontrarse bajo una visa de atleta. Puede que le hayan permitido ingresar al país para hablar en una convención, o que esté bajo palabra.

El punto es que, por cualquier motivo, tiene algún tipo de estatus legal en los Estados Unidos, y se le permite estar aquí.

Estando fuera del Estado

Fuera de estatus generalmente significa que, en algún momento, usted tenía estatus legal, pero ahora lo ha perdido. Un ejemplo típico es tener una visa que le ha permitido estar en los Estados Unidos durante un período específico de tiempo, y usted ha decidido quedarse más de ese período de tiempo. Así que, por haber dejado que venza su visa, ahora está fuera de estatus.

También podría ser que usted tuviese un estatus de residente permanente legal en un momento dado, pero por alguna razón, lo haya perdido. Un ejemplo de cómo se puede perder la residencia permanente legal, es permanecer fuera de los Estados Unidos durante más de un año, momento en el que se considera que usted ha abandonado su estatus de residente permanente legal.

Otra forma de perder su estado es cometer un delito y atravesar un proceso de eliminación de estado migratorio, en el que un juez emite una orden de remoción (deportación). Sin embargo, una persona que está fuera de estado generalmente entró en los Estados Unidos con una visa y dejó que ésta expirara.

No tener Ningún Estado

Una tercera categoría que a veces se mezcla con la categoría de "fuera de estado" es no tener "ningún estado". El ejemplo típico de una persona que no tiene ningún estado es alguien que entra a los Estados Unidos sin haber sido inspeccionado. Eso es jerga legal para decir que, de alguna manera, entró al país ilegalmente. Algunos ejemplos de entradas ilegales incluyen el clásico de cruzar la frontera sin permiso, entrar en los Estados Unidos con documentos falsos o viajar como polizón en un avión, buque o algún otro medio de transporte.

Pero cuando lo piensa bien, incluso una persona que no tiene "ningún estado", tiene en realidad la situación que acabo de mencionar, que también se conoce como "entrar sin inspección" (EWI). Así que, recuerde esto si usted entró en los Estados Unidos ilegalmente (sin autorización legal), y está llenando una solicitud de inmigración: Cuando llegue a la pregunta donde le piden su estado, asegúrese de escribir EWI.

Lo Que Puede Hacer, Depende de su Estado

¿Por qué es importante saber cuál es su estado? La respuesta sencilla es porque el estado que tiene determina lo que puede o no puede hacer en los Estados Unidos, una vez que haya llenado una aplicación o petición.

Por ejemplo, un ciudadano estadounidense puede hacer solicitudes o peticiones para cada familiar inmediato que tenga. Un residente permanente legal no puede solicitar para cada familiar inmediato que tenga. Si tiene una visa vencida (fuera de estado) en los Estados Unidos, puede ajustar su estado bajo ciertas condiciones. Sin embargo, si usted es una persona que no tiene ningún estado (EWI), no puede ajustar su estado en los Estados Unidos, y tiene que salir y solicitar una visa en el consulado de Estados Unidos en su país. Pero puede haber excepciones a esto.

¿Ve lo confuso que puede ser? Por eso es que tener un experimentado abogado de inmigración a su lado es esencial para navegar a través de toda esta confusión y saber exactamente lo que puede o no puede hacer.

Otra razón importante para conocer su estado es que hay consecuencias que pueden darse, según el mismo. Por ejemplo, imaginemos que una persona no tiene ningún estado, lo que significa que entró a Estados Unidos cruzando una frontera sin inspección.

Si por alguna razón esta persona sale de las fronteras de los Estados Unidos, incluso si es tan sólo por un instante, hay una ley que se activa automáticamente. Esto significa que hay una cierta ley que automáticamente se aplica a ellos, simplemente porque pusieron el pie fuera de Estados Unidos.

Esta ley dice que, si ha estado en los Estados Unidos durante seis meses, pero menos de un año, y viaja fuera de Estados Unidos, ahora tiene prohibido recibir el beneficio o de regresar a los Estados Unidos durante un plazo de tres años. Físicamente tiene que permanecer fuera de los Estados Unidos durante tres años, antes de que pueda volver a entrar legalmente.

Si ha estado en los Estados Unidos por más de un año, y eso significa incluso un día más que un año, ese castigo se extenderá hasta 10 años. Tendrá que permanecer físicamente fuera de Estados Unidos durante 10 años, antes de que pueda obtener algún beneficio de las autoridades de inmigración del gobierno.

Un triste ejemplo de cómo se aplica esto es el caso de un reciente cliente mío, que estaba en los Estados Unidos con estatus de protección temporal (TPS). Ella había estado aquí por muchos años. Incluso todavía tiene dos hijos menores de edad en los Estados Unidos. Se le advirtió con suficiente tiempo para que solicitara un "permiso de viaje". Se trata de un permiso para volver a entrar los Estados Unidos después de viajar fuera, sin que se le aplique la pena de 3 o 10 años.

Sin embargo, ella cometió un error grave. No solicitó el "permiso de viaje" con suficiente tiempo, y de repente se vio en la necesidad de viajar a su país debido a una muerte en su familia. Ella pensó que el "permiso de viaje" iba a ayudarla, pero no se dio cuenta de que había expirado. Ese permiso la habría protegido de la multa de 10 años que se aplicó a su salida de los Estados Unidos. En otras palabras, ella habría podido viajar fuera de Estados Unidos y regresar sin que el castigo le fuera aplicado, pero debido a que viajó fuera de los Estados Unidos con un "permiso de viaje" vencido, no se le protegió. Se encontró en su país de origen, sin poder viajar de regreso a los Estados Unidos, y con dos hijos menores de edad esperándola. El TPS no ayudó en su caso. El Consulado en su país no podía ayudarla, quebrantó la ley, y las consecuencias fueron graves.

Otro ejemplo de la importancia de conocer su estado es este otro caso que tuve. Un hombre joven, en sus 20 años de edad, fue detenido por el servicio de Inmigración y Aduanas (ICE) por cometer un delito. Había sido un residente permanente legal en los Estados Unidos desde que era un niño, al igual que toda su familia lo había sido. Todos entraron a los Estados Unidos juntos. Su madre y padre se convirtieron en ciudadanos de Estados Unidos varios años antes, cuando él todavía era un adolescente. Este joven fue detenido por el ICE durante varios meses antes de que su familia me llamara.

Inmediatamente después de la revisión de su caso, pude determinar que, de hecho, ya era un ciudadano de Estados Unidos. Verá, cuando sus padres se convirtieron en ciudadanos estadounidenses mientras él todavía era un adolescente, él automáticamente se convirtió en ciudadano estadounidense, junto con sus padres, por ley. Él deriva su ciudadanía de la de sus padres. Inmediatamente presenté una moción para detener el procedimiento, y fue puesto en libertad.

Resumen

Si usted no sabe cuál es su estado o lo que puede hacer con el estado que tiene, vaya a ver a un abogado experimentado para que le explique de manera completa y con detenimiento, cuál es su estado y qué puede hacer con él. Como puede ver por los ejemplos expuestos en este capítulo, es importante que usted conozca su estado, ya que puede ayudarle a mantenerse libre de problemas y conocer cuáles son los estatutos que le benefician.

Capítulo 8:
Involucrarse en Conducta Criminal

El crimen siempre ha sido un lamentable elemento
recurrente de la experiencia humana.

- **Mark Frost, *The List of Seven***

Cualquier inmigrante en los Estados Unidos, si está aquí legalmente (con algún tipo de estado) o de manera ilegal (fuera del estado o sin estado) — puede tener que afrontar ciertas consecuencias si se les emite cualquier tipo de condena penal. Nótese que dije condena. Esto es porque ser detenido, sin que se le emita una condena, podría no tener consecuencias en materia de inmigración. Sin embargo, las consecuencias pueden ser perjudiciales, dependiendo del tipo de condena penal que alguien tenga en su historial.

Si usted tiene cualquier tipo de antecedentes penales, mi mejor consejo es que busque un abogado de inmigración experimentado y consulte detalladamente con él. Así, el abogado puede determinar qué impacto tendrá esta historia criminal en su caso. Sería una muy mala idea que no lo hiciera, dado el hecho de que las consecuencias de una condena pueden ser muy graves.

Aunque haya habido tan sólo una detención y el caso se cerrara sin una condena, aun así, podría tener serios problemas. A veces un solo arresto puede afectar en gran medida la posibilidad de recibir una decisión favorable de las autoridades de inmigración. El simple hecho de que usted haya participado en un acto criminal puede evitar

47

que sea elegible para gozar de ciertos beneficios tales como una visa, estatus de residente permanente legal o la ciudadanía estadounidense.

¿Qué es una "Razón Creíble?"

Tuve un cliente que ya era un hombre mayor cuando llegó a los Estados Unidos, proveniente de Cuba. Entró en los Estados Unidos con un *estatus bajo palabra*.

Unos meses después de haber llegado a Estados Unidos, vio a un viejo amigo en la calle y se detuvo para darle un aventón. Unas cuadras más adelante, la policía detuvo el auto y los arrestó por cargos de tráfico de drogas. Parece que este viejo amigo estaba siendo observado por la policía, precisamente en el momento en el que mi cliente lo subió a su auto para llevarlo a alguna parte. La policía lo descubrió y lo arrestaron. Encontraron grandes cantidades de medicamentos en su persona, y mi cliente fue detenido como presunto cómplice. Afortunadamente, el amigo de mi cliente le dijo a la policía la verdad; mi cliente fue liberado, y los cargos fueron retirados.

Al año siguiente, solicitó su tarjeta verde. Se le negó debido a algo que las autoridades de inmigración llaman "razones creíbles". Eso significa que, aunque no haya habido condena y los cargos fueran retirados o desestimados, el gobierno dice que tiene "motivos para creer" que sí lo hizo, y que consiguió salirse del crimen sin ninguna condena. ¿Qué opina sobre eso? Suena loco, ¿no? Pero esa es la ley.

Errores Típicos Sobre los Antecedentes Criminales

Cuando hablamos sobre la inmigración y los antecedentes penales, algunos errores comunes que hacen las personas incluyen:

- Pensar que un cargo menor no es problemático.
- Pensar que un record cerrado o sellado evita un problema.
- Omitir información sobre los antecedentes criminales en las aplicaciones o peticiones.

Ese último ejemplo podría considerarse fraude de inmigración, como se discutió en un capítulo anterior de este libro.

Los Diferentes Niveles de Crimen

Cualquiera que haya visto un programa de detectives o abogados en la TV tiene una idea general de cómo funciona el sistema penal en los tribunales locales y en los tribunales penales federales. Todos sabemos que hay diferentes niveles de crímenes, de cargos menores, delitos sumarios, (por ejemplo, las infracciones de tránsito) y los delitos mayores.

Generalmente, hay varios grados de delitos sumarios. A esos le siguen varios grados de delitos menores, pasando de un delito menor 3 a delito menor 2, a delito menor 1. Luego esos grados de crímenes son seguidos por los

49

niveles de delitos graves, como un delito grave 3, delito grave 2 y delito grave 1. A los niveles más altos de delitos suelen seguirles los delitos que todos sabemos que son realmente malos, como asesinato, secuestro y violación. Este concepto de pirámide de niveles delictivos es casi universal, con algunas diferencias de estado a estado.

Cómo ve La Ley de Inmigración el Crimen

Sin embargo, según las leyes de inmigración, cualquier delito que sea cometido por un extranjero es generalmente categorizado en tres niveles. Eso quiere decir que las condenas en un tribunal federal o corte local son interpretadas por las leyes de inmigración en una de estas tres categorías:

1 Crímenes sin Consecuencias para Inmigración

La primera categoría son crímenes que no tienen ninguna consecuencia con el departamento de inmigración. No existe ningún nombre oficial para este nivel. Los crímenes que encajan en esta categoría se consideran delitos de bajo nivel, tales como pasarse un semáforo en rojo, tirar basura o una multa por exceso de velocidad. El que no tengan consecuencias significa que incluso si usted tiene una condena por este tipo de delitos de bajo nivel, no se verá afectado en casi ningún proceso de inmigración.

A pesar de que algunos delitos no pueden afectar su capacidad para obtener un beneficio del departamento de inmigración, hay varios crímenes que caen en esta categoría que pueden afectar el intervalo de tiempo en el que se puede obtener un beneficio. Un ejemplo clásico es cuando aplica para la naturalización. Durante el proceso de naturalización, tiene que demostrar que tienen buen carácter moral.

Aunque que no le impiden solicitar su naturalización, ciertos crímenes pueden, eventualmente, evitar que obtenga su ciudadanía durante un período de tiempo (generalmente hasta cinco años desde la fecha de la convicción). Por ejemplo, supongamos que la persona que solicita para la naturalización cometió un delito de robo menor dentro de los últimos cinco años. Generalmente, tener este tipo de delitos en su expediente no le impide solicitar la ciudadanía, pero tiene que esperar hasta que hayan pasado por lo menos cinco años desde el momento de la condena por ese delito, no desde el momento en que el crimen se cometió. Después de ese período de cinco años, podrá aplicar para la naturalización. (Pero recuerde la explicación de "razón creíble" que el describí anteriormente).

2. Crímenes que Involucran Vileza Moral

El siguiente nivel de delitos se llaman delitos que involucran vileza moral (CIMT). Según lo interpretado por la ley de inmigración, este nivel de delitos impide que ciertos individuos apliquen para ciertos beneficios. De hecho, cometer un delito que es considerado un CIMT puede colocar a una persona que ya tiene su residencia permanente, en un proceso de deportación. La ley de inmigración hace que una persona extranjera, culpable de una TMIR, sea "removible" si el crimen se cometió dentro

51

durante los cinco años de su admisión a los USA, y si dio lugar a una condena de prisión de al menos un año. Si una persona es condenada por dos CIMTs, que surgieran de más de una incidencia de conducta criminal, también son removibles.

Al determinar si una persona ha cometido un delito que es considerado un CIMT, hay muchas más cosas que entran en juego. Se trata de un área compleja de la ley de inmigración, que requiere la asistencia de un abogado experimentado en esta rama. No dependa en su abogado penalista para este análisis, a menos que tenga mucha experiencia en ese campo. Pueden ser grandes abogados penalistas, pero me he dado cuenta que no saben mucho sobre las leyes de inmigración, o la forma en la que la ley penal y las leyes de inmigración se afectan una a la otra.

3. Crímenes que se Consideran Agravados

El nivel más alto de crímenes tiene un título que no me gusta. Los delitos que caen en este nivel se denominan " delitos agravados". La razón por la que no me gusta que el título es porque en algunos estados, hay algunos delitos menores que caen en la categoría de delitos agravados, desde la perspectiva de la ley de inmigración.

La consecuencia de tener una condena por un delito mayor agravado es fatal. Esto significa que, en un procedimiento de remoción de inmigración, usted no es elegible para fianza si es detenido, y lo más probable es que no sea elegible para ningún tipo de ayuda, excepto la detención o remoción.

Para aclarar, "lo más probable" significa que hay pocas y raras excepciones a esto.

Incluso un delito simple, de menor nivel, puede dañarle mucho. Esto parece lógico, pero algunas personas no se dan cuenta de las consecuencias de sus acciones hasta que es demasiado tarde. Piensan que como la última vez que estuvieron en problemas, no sucedió nada con las autoridades de inmigración, ahora tampoco tendría por qué suceder nada. Aprenden por las malas, que se les ha terminado la suerte.

Algunos de mis clientes pensaban que se habían "salido con la suya" con varios crímenes porque las autoridades de inmigración no habían tomado medidas. Entonces se meten en problemas por cosas simples, como infracciones de tráfico, y es entonces cuando son detenidos y comienzan sus pesadillas con inmigración.

Este libro no está diseñado para darle una explicación completa de las consecuencias de la condena penal. El punto que quiero transmitirle es que hay consecuencias graves para los crímenes. Consulte con un abogado de inmigración si usted cree que puede caer en cualquiera de las categorías discutidas aquí.

Otros Errores que Debe Evitar

Si usted tiene cualquier tipo de condena penal y es un extranjero en los Estados Unidos, usted siempre debe consultar con un abogado de inmigración antes de hacer cualquiera de las siguientes cosas:

1 Viajar Fuera de los Estados Unidos.

Esto incluye incluso un crucero de un día o un día de viaje al otro lado de la frontera. Muchos de mis clientes de deportación se convirtieron en mis clientes porque hicieron un viaje fuera de los Estados Unidos, y cuando volvieron, fueron detenidos por el departamento de inmigración y Aduanas (ICE). Por lo general, lo que sigue es el comienzo de un proceso de deportación contra esa persona. En muchos casos, estuvieron detenidos durante semanas antes de que los liberaran bajo fianza. En algunos casos, no son elegibles para dicha fianza, y deben permanecer detenidos mientras se atiende su caso de deportación.

2 Presentar una Solicitud o Aplicación frente al USCIS.

Algunas veces, los problemas de los clientes empiezan porque presentan una solicitud para un beneficio con el gobierno, y tienen una condena penal en su expediente. Como parte del procesamiento de algunas de estas aplicaciones, se realizan verificaciones de antecedentes. Si se descubre que la persona tiene un crimen en su expediente, puede terminar en un procedimiento de deportación.

Defendiéndose contra la Deportación

Puede escribirse un libro entero sólo sobre este tema. Como dije antes, este libro no está diseñado para discutir las leyes de inmigración. En cambio, está diseñado para enseñarle acerca de las cosas que puede hacer para evitar problemas. Puede haber maneras de defenderse contra la deportación. Pero para que eso suceda, usted necesita agendar una detallada consulta con un abogado que pueda revisar sus antecedentes penales. Entonces podrá darse cuenta si califica para cualquiera de las formas de defensa contra la deportación. Mi mejor consejo es que lo haga antes de que se encuentre en manos del gobierno.

Resumen

Las consecuencias de tener una condena penal, si es un extranjero, pueden ser fatales si desea obtener algún beneficio de las autoridades de inmigración, o incluso mantener su estatus de residente permanente legal. Esta parte de la ley de inmigración es una de las zonas más complejas. Sin duda, esta es un área de la ley que requiere la asesoría de un abogado de inmigración muy experimentado. Sólo de esa manera estará seguro de que tiene toda la información que necesita, para saber si hay algo que pueda hacerse en su caso.

Si usted tiene una condena penal y ha iniciado un trámite inmigratorio, puede haber maneras de evitar su remoción o deportación. Pero como dije anteriormente, usted debe discutir esto con un abogado. Esto es, definitivamente, algo que no puede hacer usted mismo, ni dejar que lo hagan personas que no sean profesionales con licencia.

Capítulo 9:
Llenando las Declaraciones de Impuestos

"Las declaraciones de impuestos son las historias de ficción más imaginativas escritas hasta ahora".
Herman Wouk

Usted se estará preguntando qué declaraciones de impuestos debe hacer con cualquier tipo de proceso de inmigración, pero es importante saber que la correcta presentación de declaraciones de impuestos es esencial para muchas peticiones y aplicaciones de inmigración y ciertos tipos de defensas en caso de deportación.

Casos de Naturalización

Este es un ejemplo de por qué es importante presentar bien sus declaraciones de impuestos: para poder solicitar la naturalización, usted debe haber presentado declaraciones de impuestos. Si usted no presentó declaraciones de impuestos (o si tienen una deuda con el departamento de Rentas Internas, y aún no ha hecho arreglos para pagarla), es muy probable que se le niegue la solicitud de naturalización

La mayoría de la gente se preocupa por la parte del proceso de naturalización que implica un examen de inglés, pero eso es sólo un pequeño porcentaje de lo que se revisa en toda la aplicación. Asegurarse de que haber presentado correctamente su declaración de impuestos es esencial para que su solicitud de naturalización sea concedida.

Aplicaciones de Matrimonio

Tener sus declaraciones de impuestos bien presentadas también es vital al aplicar para un beneficio por matrimonio a un ciudadano estadounidense o residente legal permanente. Recuerde que tiene que demostrar que la relación es genuina y de buena fe, y que cada área de su vida puede ser explorada por un oficial de inmigración para confirmar que sea así. Muchas personas que llenan estas aplicaciones por su cuenta no consideran sus declaraciones de impuestos como parte de esa evidencia.

Cuando presente sus declaraciones de impuestos, usted puede hacerlo de manera individual, como una pareja casada que presentan una declaración conjunta; casado, pero presentando declaraciones separadas, o como cabeza de familia. Esa última categoría es la que mete a la mayoría de la gente en problemas. Esto es debido a que presentan su declaración como cabeza de familia para obtener beneficios que no tienen derecho a percibir si la presentan de cualquier otra forma. Con pocas excepciones, si es casado y viven juntos, usted debe presentar ya sea como casado que presenta la declaración conjuntamente, o casado y presentando la declaración por separado. Normalmente usted no puede presentar como cabeza de familia.

Presentar el Estado Incorrecto

En un contexto de inmigración, un ejemplo típico de cuando esto se convierte en un problema, es cuando un esposo y una esposa viven juntos con al menos un hijo. Al hacer una declaración conjunta o por separado, pero en la categoría de casado, no tienen derecho a ciertos beneficios que se ofrecen a las personas que presentan como cabeza de familia.

A pesar de que no son elegibles para presentarse como cabezas de familia, de todos modos, lo hacen. Desde la perspectiva del departamento de Rentas Internas, esto es fraude. Esto puede ser usado contra la pareja si están tratando de convencer a un juez o a un oficial de inmigración de revisar su caso para confirmar que su matrimonio es genuino. La lógica es que, si están realmente casados y viven juntos, tendrían que presentar algún estado que no fuera el de cabeza de familia. Tenga en cuenta que presentar declaraciones de impuestos fraudulentas puede verse como prueba de mal carácter moral, y puede causar la negación de ciertos tipos de aplicaciones.

Declaraciones de Impuestos y Casos de Deportación

Presentar correctamente las declaraciones de impuestos es también muy importante si usted está ante un tribunal de inmigración durante el proceso de deportación. Muchas veces, he visto jueces reaccionar favorablemente y felicitar a los individuos por el siguiente motivo: a pesar de carecer de la autorización correspondiente para estar en los Estados Unidos, tuvieron el buen tino de obtener un número de identificación de impuestos individual (ITIN) del IRS, y utilizarlo para presentar declaraciones de impuestos cada año que trabajaron aquí. Esto es muy favorable para ciertos tipos de exenciones, así como para otros tipos de solicitudes de inmigración.

Por el contrario, también he visto jueces castigar a las personas con mucha dureza. Consideran muy desfavorable que las personas que han vivido aquí por muchos años no hayan presentado declaraciones de impuestos, a pesar de haber trabajado aquí. Quien quiera que lea esto tiene que saber que, si trabaja en los Estados Unidos, sin importar el tipo de trabajo que haga, tiene que presentar declaraciones de impuestos. Eso incluye el trabajo legal e ilegal. Al Capone, el famoso gánster de la década de 1930, no fue detenido y encarcelado por todos los crímenes violentos por los que era famoso. Lo pusieron en la cárcel por evasión de impuestos. Él no pagó los impuestos de su negocio ilegal y lo descubrieron. Esa fue la causa de su arresto.

Obteniendo un Número de Identificación Tributaria Individual (ITIN)

No es difícil obtener un ITIN, y el IRS le dará uno, incluso si usted está de forma ilegal en los Estados Unidos. Usted puede conseguir uno en línea, en el sitio web del IRS, o enviando una solicitud por correo al IRS y solicitándolo. El IRS no acusa a las personas que se encuentran en los Estados Unidos ilegalmente con el ICE ni con ninguna otra agencia de inmigración. Su objetivo es conseguir que más personas presenten sus declaraciones y paguen sus impuestos. El adquirir una reputación por acusar a las personas con el departamento de inmigración no ayuda a este fin, así que no lo hacen.

Obteniendo las Transcripciones del IRS

Ahora les estoy recomendando a todos mis clientes que obtengan las transcripciones de sus impuestos del IRS, y que mantengan copias de ellas en su poder. De esta manera las tendrán disponibles en todo momento. La razón es porque las autoridades de inmigración ahora buscan obtener las transcripciones de las declaraciones de impuestos, en lugar obtener simplemente las copias de las declaraciones al considerar las aplicaciones que están procesando. Las transcripciones demuestran que la persona realmente presentó las declaraciones con el IRS, mientras que las copias de las declaraciones sólo muestran que lleno las formas.

Declarando Dependientes de Manera Impropia en la Declaración de Impuestos

Otro error común al presentar las declaraciones de impuestos es declarar niños u otras personas como dependientes en sus declaraciones de impuestos, que legalmente no puede declarar. Con muy pocas excepciones, sólo puede reclamar a los niños que viven con usted, y que se encuentran en los Estados Unidos, o que de alguna manera tiene el derecho legal de reclamar. Si usted reclama a un niño que no vive con usted, necesita un formulario del IRS firmado por el otro padre, o una copia de un acuerdo de custodia, demostrando que se le permite reclamar a ese niño.

Cuando se trata de llenar adecuadamente las declaraciones de impuestos, mi mejor consejo es que consulte a un profesional. Vaya con un contador público certificado (CPA) u otra persona experimentada, de buena reputación. No vaya al lugar más barato o a una oficina donde llenen sus declaraciones de forma incorrecta o fraudulentamente. La consecuencia no sólo será económicamente desastrosa; hacerlo así podría también afectar sus posibilidades de aplicación o su estado de inmigración.

Resumen

Llenar apropiadamente sus declaraciones de impuestos es una parte muy importante del proceso de inmigración.

Como abogado de inmigración, no trato de darle asesoría fiscal. Hay muchos profesionales que se dedican a eso. Mi único consejo es este: busque ayuda profesional y ética al llenar sus declaraciones de impuestos. Muchos inmigrantes en los Estados Unidos van a las oficinas relámpago, donde la gente pretende saber lo que está haciendo con las declaraciones de impuestos, pero en realidad, sólo causan serios problemas a las personas que declaran; errores que pueden afectarles tanto financieramente como en su proceso de inmigración.

Asegúrese de presentar el estado correcto, y asegúrese también de enviar su declaración de impuestos. No olvide guardar copias de todo lo que presenta.

Capítulo 10:
Errores en las Aplicaciones de Matrimonio

"Amo estar casada. Es grandioso encontrar a esa persona especial a la que vas a fastidiar por el resto de tu vida".

-       **Rita Rudner**

¿Está Usted Realmente Casado?

Lo primero que hago cuando tomo un caso de solicitud de matrimonio es determinar si la pareja a la que estoy ayudando está realmente casada. Créalo o no, las personas han llegado a mi oficina pensando que han estado casados durante años, y, después de profundizar en su caso, descubro que ellos en realidad no han estado legalmente casados, o que su matrimonio no es reconocido por la ley de inmigración de los Estados Unidos. (Y no, no es bigamia, a menos que hayan sabido con anterioridad que todavía estaban casados. Por lo general, debe de haber alguna forma de engaño para que sea considerado bigamia.)

En un caso, la pareja había estado viviendo bajo el mismo techo durante más de 20 años, pensando durante todo ese tiempo que estaban casados. Tuvieron hijos, bienes, y todas las cosas típicas que las parejas casadas tienen. Cuando llegaron verme, descubrí que el marido había tenido un matrimonio anterior en su país. Pensó que había obtenido un divorcio de su esposa anterior, pero no se pudo encontrar dicho divorcio.

Me explicó que su ex esposa le dijo que había presentado un divorcio. De hecho, ella había también "se volvió a casar." Para él, eso fue suficiente. Pero por desgracia, no lo era a los ojos de la ley. Todavía estaba casado con su primera esposa, y su matrimonio con su segunda esposa no era realmente un matrimonio, porque no era legalmente capaz de volver a casarse.

Lo bueno es que ellos vinieron a verme antes de hacer cualquier papeleo, y pudimos solucionar el problema al procesar el divorcio de la primera esposa. Entonces fue capaz de casarse con su segunda esposa, y después de eso, fuimos capaces de presentar todo el papeleo correcto. En la entrevista con el oficial de inmigración, varios meses después, me presenté junto con ellos y fui capaz de explicar todo. Su solicitud fue aprobada exitosamente.

Matrimonios Inaceptables

En otro caso, la pareja tenía un certificado de matrimonio. Hicieron el papeleo a través de una oficina de notarios, y se aceptó como genuino. Y, de hecho, era auténtico. Sin embargo, el matrimonio se había realizado a través de lo que se llama un *poder notarial*.

Esto significa que una parte no estaba físicamente presente durante la ceremonia, y uno de ellos le dio el poder a otra persona para que lo representara en la ceremonia. En este caso, mi cliente ni siquiera estaba en el país cuando se casó con su esposa.

Mientras que ese tipo de matrimonio puede ser considerado legítimo y permitido en el país donde se produjo esta ceremonia, la ley de inmigración de los Estados Unidos generalmente no reconoce ese matrimonio para los efectos de un proceso de inmigración. Lamentablemente, su aplicación fue rechazada porque inmigración no reconoció el matrimonio. Por lo tanto, la aplicación no tenía ninguna validez.

La tensión, el trabajo, y los costos en los que incurrieron, podrían haber sido evitados si hubiesen ido a ver a alguien que sabía lo que estaba haciendo, en lugar de asistir a una oficina que simplemente rellena el papeleo y pretende saber cómo hacerlo. Les reitero una vez más, casi cualquier persona puede llenar una solicitud, pero saber cómo armar un caso bien cimentado requiere experiencia, y una buena comprensión de la ley.

Fraude

Dentro del sistema de inmigración, una de las aplicaciones más cuidadosamente escudriñadas es la de estatus de residente permanente legal, a través del matrimonio. La razón de esto es que el matrimonio es la principal forma de fraude cometida en el sistema de inmigración.

El fraude en el matrimonio es la presentación de una aplicación basada en un matrimonio con un ciudadano estadounidense o residente permanente legal, cuando el matrimonio no es real. Tener un certificado de matrimonio no hace que un matrimonio sea real; lo hace legal, pero no real. No puedo creer cuánta gente todavía usa esta técnica como una manera de obtener su estatus de residente permanente legal. Tratar de engañar a inmigración a través de un matrimonio simulado (como se le llama

65

normalmente) es una de las cosas más tontas que una persona puede hacer.

Cada vez que descubro que un cliente potencial está intentando cometer fraude de matrimonio, lo primero que le informo es que no seré parte de ello. Incluso en algunos casos me he atrevido a mostrarles la puerta de mi oficina para que se vayan, porque estoy absolutamente en contra de este tipo de actividad. Las consecuencias son extremadamente graves para quien sea sorprendido. Un abogado que participa en este tipo de fraude probablemente perdería su licencia. Estos actos no valen ni mi reputación profesional, ni mi licencia.

El fraude en el matrimonio es un delito federal que puede resultar en una sentencia de prisión, y casi con toda seguridad, en la deportación de la persona que lo intenta. Si se determina que el cónyuge, un ciudadano estadounidense o un residente permanente legal, ha cometido este fraude después de presentar la petición, él o ella estaría en peligro de severos castigos. Y es casi seguro que la persona que solicita el beneficio no lo conseguirá, y él o ella quedará vetado, para siempre, de solicitar cualquier beneficio en el futuro. Esto incluye solicitar estatus de residente permanente legal, incluso si ellos volvieran a casarse, y ese matrimonio fuera genuino.

Casarse Demasiado Rápido Después de Llegar a los Estados Unidos

Otro error muy común es que algunas personas se casan demasiado pronto después de entrar los Estados Unidos. Déjenme les explico. Algunas personas vienen a los

Estados Unidos con una visa de prometido(a), la cual está destinada para que entren en el país y se casen aquí. Otras personas entran en los Estados Unidos con otros tipos de visas. La visa más común es la de turista o visitante.

Cuando entra como turista, visitante o estudiante (o con cualquier otro tipo de visa), usted le está diciendo al Gobierno de que su intención para visitar los Estados Unidos es hacer lo que se describe en el visado. ¿Entra con una visa de turista? Sea un turista. Vaya por aquí, y por allá, y a todas partes, pero no trabaje. ¿Vino aquí a estudiar con una visa de estudiante? Estudie con todo su corazón, porque eso es todo lo que podrá hacer.

Algunos inmigrantes que han logrado ingresar a los Estados Unidos con una visa de turista, visitante o estudiante, se casan casi inmediatamente después de entrar. Las leyes de inmigración pueden ver esto como un fraude de visa. Pueden alegar que cuando usted entró en los Estados Unidos, su verdadera intención no era ser un turista, sino que era más bien para quedarse y casarse. Existe una presunción en la ley: Si usted se casa dentro de los primeros 60 días después de su entrada a los Estados Unidos, entonces eso es evidencia que su intención era realmente casarse, y no cumplir con el propósito descrito en su visa.

Para superar esa presunción, el inmigrante debe demostrar que él o ella no cometieron fraude de visa al haberla usado de forma inapropiada. Tiene que mostrar que cuando entró a los Estados Unidos, su verdadera intención en todo momento no era permanecer, contraer matrimonio y obtener una tarjeta verde. Estaría bien si la persona puede demostrar que realmente vino como turista (por vacaciones, etc.), y luego conoció a su esposa, meses más tarde. Para evitar esta presunción, mientras más largo sea el período entre el que usted entra en los Estados Unidos y presenta su solicitud de tarjeta verde, mejor.

Hágalo Bien, Desde la Primera Vez

Para obtener el estatus de residente permanente por matrimonio con un ciudadano estadounidense o residente permanente legal, es muy importante que todas las aplicaciones (y todos los documentos relacionados) estén perfectamente bien llenados y presentados. No querrá darle cualquier razón para sospechar al oficial de inmigración y arriesgarse así a perder su aplicación, que la rechacen, o (peor aún) que determinen que hay fraude de matrimonio. No se engañe pensando que sólo porque el matrimonio es real, ellos no podrían considerar que el matrimonio fuera un fraude.

Muchas veces que he tenido clientes que realizan todos los trámites por su cuenta, o a través de una oficina de notario o uno de esos agentes "Relámpago" que sólo llenan el papeleo. Debido a que el trabajo fue tan mal hecho, el oficial de inmigración negó la solicitud, y en muchos casos, incluso acusó a la pareja de fraude de matrimonio.

Para minimizar cualquier posibilidad de encontrarse en problemas que resulten en consecuencias severas, usted deberá asegurarse que este tipo de aplicación, y las de cualquier otro tipo, se hagan de forma perfecta. Recuerde que el gobierno supervisa todos los casos muy de cerca, incluyendo los que pueden parecer muy simples. No querrá darle ningún motivo al gobierno para que rechace su aplicación, ¿o sí?

No Subestime el Proceso

El error típico que cometen los auténticos matrimonios es subestimar el proceso para este tipo de aplicación. Ingenuamente piensan que solo porque realmente están enamorados, de alguna manera el oficial de inmigración va a saberlo; va a ver el aura de amor alrededor de ellos y aprobará automáticamente su aplicación. En muchos casos, esto no podría estar más lejos de la verdad.

Cuando estoy preparando a mis clientes para su caso, especialmente para su entrevista con la USCIS, siempre les digo que tenemos que ir a esa entrevista asumiendo que el oficial está realizándola con el fin de encontrar fraudes en la aplicación. Es nuestro trabajo convencer al oficial que en realidad se trata de un matrimonio genuino y auténtico. Siempre preparo extensivamente a mis clientes para cualquier entrevista con preguntas de práctica y ejemplos de qué decir y qué no decir. No quiero que mis clientes subestimen el proceso, incluso si tienen hijos como prueba del matrimonio genuino.

Asegurando su Aplicación de Matrimonio

La mejor manera de ganar su caso de solicitud de matrimonio es preparar, preparar, y preparar. La persona que llevará a cabo la entrevista no los conoce. Tienen que convencerlo de que el matrimonio es genuino, y de que están viviendo juntos. Por cierto, este es otro error que la gente hace en las aplicaciones basadas en el matrimonio: piensan que un certificado de matrimonio es todo lo que necesitan, aunque por el momento estén separados.

Parte del requisito de la solicitud para la concesión, es que la pareja debe vivir bajo el mismo techo. Usted tiene que presentar evidencia de que el matrimonio es real y que siguen juntos. Cuando preparo a mis clientes para esta parte del proceso y combinamos la aplicación con las pruebas, les digo que mientras menos tradicional sea el matrimonio que tienen, más probable será que tengan problemas con su aplicación.

Déjenme explicarles lo que quiero decir: las leyes de inmigración con respecto a los requisitos de una solicitud de matrimonio fueron escritas hace muchas décadas. No fueron escritas con nuestra sociedad moderna en mente. En los días que estas leyes fueron escritas, las parejas se casaban y empezaban inmediatamente a unirlo todo. Las parejas obtenían mutuas cuentas de banco, ponían todo a nombre de ambos, y se incluían mutuamente en todos los documentos legalmente requeridos. En nuestra sociedad moderna, las parejas obtienen cuentas bancarias distintas, separan sus propiedades y hacen muchas otras cosas bajo sus propios nombres, sin incluir a la otra mitad de la pareja.

Mientras más se parezca su aplicación a la manera antigua de hacer las cosas, más probable es que la misma sea aprobada.

Por el contrario, cuanto más moderno resulte el método para hacer las cosas, más cuestionadas serán sus aplicaciones. Esto es simplemente una realidad con la que tenemos que vivir. No estoy diciendo que una pareja "moderna" no vaya a ser aprobada. Lo que estoy diciendo es que es más probable que la pareja moderna tenga más problemas con su aplicación.

Qué Evidencia Presentar

El tipo de evidencia que necesita presentarse para este tipo de aplicación incluye las cosas tradicionales en las que todo el mundo piensa:

- fotos,
- cuentas bancarias conjuntas,
- otros tipos de cuentas,
- copropiedad de los bienes muebles e inmuebles,
- arrendamientos de bienes raíces bajo el mismo nombre,
- y cualquier otra evidencia que muestre la unión.

Cuando preparo a mis parejas para su aplicación, les pido que piensen en todo tipo de evidencia que pueda usarse para mostrar que, de hecho, son una pareja con genuina convivencia. Por supuesto, los testimonios o declaraciones juradas de los propietarios, vecinos y miembros de la familia ayudan mucho. Si cualquiera de las partes tiene hijos de anteriores matrimonios que están en la escuela, obtener la documentación de la escuela donde se muestra que el otro cónyuge aparece como un guardián autorizado del niño también ayuda mucho. La lista es interminable.

Muestro a mis clientes los detalles que estamos tratando de probar en la aplicación y preparamos sus aplicaciones meticulosamente, con el objetivo de incluirlo todo. Así, el oficial de revisión considera toda la evidencia que presento, y él o ella estará más inclinada a aprobar la aplicación sin una entrevista. Por supuesto, esto no siempre sucede, pero preparar una aplicación de la forma más completa que se pueda, aumentará las posibilidades.

Ahora usted entiende los peligros de intentar solicitar de manera fraudulenta un beneficio a través del matrimonio. Y cuando de hecho es un matrimonio verdadero, usted sabe la importancia de llenar correctamente la solicitud. En este punto, permítanme mostrarles algunos ejemplos de los errores más comunes que la gente hace al presentar sus aplicaciones basadas en el matrimonio.

En primer lugar, tiene que entender que no se garantiza la aprobación de una solicitud. Además de demostrar que el matrimonio es genuino (y no una farsa), tiene que demostrar que usted legalmente califica para un beneficio, basado en un matrimonio con un ciudadano estadounidense o residente legal permanente.

No Haga Planes Hasta que Tenga los Papeles En Las Manos

Otro error común es asumir que el proceso va a ocurrir rápidamente. La mayoría de la gente no sabe realmente cuánto tiempo va a tomar. Siempre que me hacen esta pregunta (y me la hacen casi todos los clientes), respondo diciéndoles la cantidad promedio de tiempo que tarda su tipo de caso. Yo siempre les informo que, con cualquier proceso de inmigración o caso, sólo podemos tener una idea general de cuánto tiempo va a tomar. Nadie puede estar seguro, porque siempre hay situaciones en las que el caso puede tomar mucho más tiempo de lo previsto. Podría haber muchas razones para que esto suceda.

Yo le aconsejo a mis clientes a que no hagan planes ni gasten dinero en algo que tenga un plazo fijo o vencimiento hasta que realmente tengan los documentos

72

en sus manos. Sólo entonces puede saber, con certeza, que han recibido el beneficio que ellos han solicitado del gobierno.

Resumen

La importancia de contratar ayuda profesional cuando haga una solicitud de matrimonio es realmente mayúscula. Es muy importante saber cómo prepararse para su aplicación, y obtener evidencia suficiente para demostrar que el matrimonio es real, es fundamental para que la aplicación sea aprobada sin problemas. Preparar, preparar, preparar... no hay que subestimar el proceso. En esta área de la ley de inmigración, subestimar cualquier cosa es el error más grande que usted puede cometer.

Estos son los errores comunes a evitar cuando una solicitud para residencia permanente legal se basa en el matrimonio:

1. Asegúrese de estar legalmente casado.

2. Asegúrese de que está divorciado de cualquier matrimonio previo.

3. Asegúrese de que su matrimonio está reconocido por las autoridades migratorias de los Estados Unidos.

4. No asuma que el proceso será rápido.

5. No haga planes que se basen en la presunción de que el proceso quedará listo en determinada fecha.

Capítulo 11:
Otros Errores Típicos que Debe Evitar

"Un hombre inteligente comete un error, aprende de él, y no lo vuelve a cometer nunca más. Pero un hombre sabio encuentra a un hombre inteligente y aprende cómo evitar el error antes de cometerlo".

- **Roy H. Williams**

En los capítulos anteriores, he intentado identificar y explicar algunos de los errores más grandes que se cometen cuando se trata con el sistema de inmigración. A continuación, mostraré algunos otros. Estos errores se ven a menudo, y deben evitarse. Algunos son pequeños y otros no tanto, y cualquiera de ellos puede destruir el caso de una persona.

Pedir Consejo Legal en las Oficinas del Gobierno

Usted necesita saber que la USCIS y otras agencias de inmigración no tienen permitido darle ningún tipo de asesoramiento jurídico. Es un gran error pensar que pueden hacerlo. Ellos pueden darle algunos consejos sobre el procedimiento, pero eso es todo que pueden o deben hacer.

He tenido muchos clientes que recibieron orientación de parte de un empleado de una oficina del gobierno, y resultó que los consejos recibidos fueron bastante malos para su caso en específico. No lo hacen a propósito; simplemente no tienen suficiente información.

El ofrecer consejos legales efectivos y eficientes requiere una entrevista con la persona interesada para obtener todos los hechos. Un ligero cambio en los hechos de un caso concreto puede hacer la diferencia entre solicitar una cosa u otra, y puede hacer la diferencia entre el éxito y el fracaso.

Salir de los Estados Unidos o Viajar.

Le sugiero que hable con un abogado de inmigración experimentado antes de hacer cualquier tipo de viaje fuera de los Estados Unidos. Esto es aún más importante si usted tiene cualquier tipo de antecedentes penales, o si usted no tiene ningún estado migratorio en los Estados Unidos actualmente.

No viaje antes de hablar con un abogado de inmigración que pueda revisar su caso y saber si puede hacerlo. Evite los cruceros, o incluso los viajes de pesca o velero cerca de las fronteras internacionales. En los estados fronterizos, no es infrecuente que la guardia costera encuentre un barco en aguas internacionales con una persona a bordo que no tenga ningún estado migratorio en los Estados Unidos, o con antecedentes penales que lo pondrán en riesgo de ser deportado. Tenga mucho cuidado.

Escuchar a los Autodenominados Abogados Callejeros.

Estas son personas que tienen el síndrome de "Yo lo sé todo", pero sólo dan malos consejos. No tienen ninguna formación jurídica, pero piensan que conocen la ley. Puede incluso sonar convincentes. Su "asesoramiento" es peligroso y puede afectar significativamente el caso de la persona que escuche esos consejos. Durante mis años de práctica, he visto casos muy tristes en los que las personas escucharon a algún autodenominado abogado, que pensaba que sabía lo que estaba diciendo, siguieron su consejo y perdieron la oportunidad de solicitar un beneficio para ellos o su familia.

Si va a escuchar a alguien, asegúrese de que es un abogado de inmigración experimentado. Mi madre siempre me decía que las cosas baratas salían caras al final. Escuchar el asesoramiento legal "gratuito" de cualquier autodenominado abogado no sólo es absurdo, sino que puede llegar a ser un error, costoso y trágico.

No Planear Financieramente para lo Inevitable

Una vez tuve un cliente que estaba bien preparado para lo que él veía como algo inevitable. Sabía que tarde o temprano, iba a ser arrestado y estaba preparado. El día que fue arrestado, tenía los fondos necesarios para pagarle a su abogado y el monto de la altísima fianza que le impusieron. No hubo ninguna tensión financiera entre su familia, ni ellos tuvieron que ir corriendo a pedir dinero a más familiares para poder sacarlo de la cárcel. Él gozó de una buena y rápida representación en su caso penal.

Creo que todos los que tengan una situación similar con el departamento de inmigración deberían hacer lo mismo. ¿Está aquí ilegalmente? Entonces usted debe prepararse para el día en el que sea detenido por el gobierno. ¿Tiene un caso penal que puede tener consecuencias frente al departamento de inmigración? Esté preparado para ello. ¿Puede aplicar para la naturalización? Ahorre para los gastos de representación.

Que no lo tomen desprevenido. No es necesario que sus seres queridos se pongan nerviosos y se estresen por algo que pudo haber planearlo.

No Solicitar un Beneficio A Tiempo.

Vale la pena repetir esto: es importante asegurarse de que usted presente la solicitud a tiempo. Si usted se presenta para renovar o extender un beneficio que tiene, no se pase del plazo. Saber qué presentar, y presentarlo en tiempo y forma, evitará la posibilidad de perder su estado o terminar en el país ilegalmente. Debe aplicar lo antes posible, porque las aplicaciones pueden tomar varios meses en ser procesadas. No espere hasta el último minuto.

Participar en Fraudes Migratorios

Hay un viejo refrán que dice que, si parece demasiado bueno para ser verdad, probablemente lo sea. Me altera mucho cada vez que alguien viene a mi oficina y me cuenta cómo fueron estafados por falsos abogados, notarios y preparadores de documentos.

Dicen poder ayudar, pero realmente no están calificados para hacerlo. No sólo la víctima pierde mucho dinero, sino que además puede enfrentar serios problemas con el gobierno. La mayoría de estas estafas implica cometer fraude mediante la presentación de ciertos beneficios de inmigración para los cuales no son elegibles. Siempre busque la opinión de un abogado de inmigración experimentado, para evitar ser víctima de una de estas estafas.

Tenga en cuenta que, en la mayoría de los estados, contratar a un asistente legal (paralegal) es una violación a la ley, porque los paralegales deben trabajar bajo la supervisión directa de un abogado, y no de forma independiente u ofrecer directamente al público los servicios legales. Cualquier preparador de documentos o negocio que esté ofreciendo servicios directamente al público y diga ser un paralegal, está probable violando las leyes del estado o están practicando ilegalmente la ley.

Utilizar el término "notario" en un idioma distinto al inglés también indica se están infringiendo las leyes a nivel estatal. (Por ejemplo, en español, un notario público puede ser llamado un notario o un escribano.) En la mayoría de los estados, un notario público no puede utilizar su título para implicar o crear la idea de que está autorizado para ejercer la abogacía.

Resumen

No importa la duda que tenga, pregunte siempre a su abogado cuál es el procedimiento que el aconseja frente a una de estas situaciones para que no caiga en algún error que pueda costarle la negación a su proceso.

Capítulo 12:
Miedo

"Haga lo que tiene miedo de hacer y sígalo haciendo... esa es la manera más rápida que se ha descubierto para vencer el miedo".

- **Dale Carnegie**

No Deje Que El Miedo Le Controle.

Si pudiera identificar el principal problema que afecta a las personas durante su proceso de inmigración, diría que es dejar que el miedo los controle. Permítanme comenzar diciendo que el tener miedo es normal. Cuando usted conoce o enfrenta algo por primera vez, tener miedo de ello es una reacción típica y normal. Las personas más valientes también sienten miedo. El miedo a lo desconocido es muy común. El problema empieza cuando deja que el miedo le controle. Hay muchos libros acerca de cómo evitar que el miedo controle sus acciones. Búsquelos y léalos, no sólo para que le ayuden con su problema de inmigración, sino para todos los demás problemas de su vida. Usted logrará ser una mejor persona.

Como abogado de inmigración, percibo miedo en mis clientes todo el tiempo. Tienen miedo a hacer cosas debido al terror a lo desconocido. Los escenarios imaginarios les hacen perder el sueño por la noche. He conocido gente que podría haber aplicado para obtener ciertos beneficios con las autoridades de inmigración por años, pero debido al miedo, nunca lo hicieron. Ni si quiera tuvieron el valor de preguntar si *podrían* hacerlo.

Después de muchos años en los Estados Unidos, la gente viene a verme porque finalmente superó su miedo a hablar con un profesional. He tenido muchos clientes que se encontraban en esta situación. Después de revisar su caso, yo estaba feliz de decirles que habían sido elegibles para aplicar para ciertos beneficios durante años, y que podían hacerlo inmediatamente. Muchos clientes se han encontrado en problemas que podrían haber evitado si hubiesen logrado superar su miedo e ido a hablar a un profesional. Uno de los mejores consejos que puedo darle es que aprenda a superar su miedo.

Mi personal y yo nos acercamos a cada cliente que entra en mi oficina con la idea de que, antes que nada, queremos ayudarlos y educarlos. Así que, en todas mis consultas, lo primero que hago es obtener tanta información como sea posible. Una vez que tenga toda la información que necesito, puedo hacer un análisis muy claro y exhaustivo del caso. Entonces puedo asesorarlos mejor sobre cómo puedo ayudarlos. Puedo mostrarles los beneficios específicos a los son elegibles ellos o su familia, qué hacer para comenzar con el proceso de aplicación y cómo evitar la deportación.

Incluso si un cliente no me contrata para ayudarles, algo de gran valor que puedo decirles es que, mientras estén en mi oficina, serán educados e informados sobre su situación. Entonces sabrán lo que pueden hacer. Siempre se van de mi oficina más informados de lo que llegaron.

Cómo Superar el Miedo

La mejor manera de comenzar a superar su miedo es tomar conciencia de lo que está causándolo. Cuando usted debe tomar una acción, el miedo provoca inacción. El miedo petrifica a una persona hasta el punto que puede incluso enfermarse. Por temor, muchas personas viven miserablemente, en vez de elegir ser felices. Por lo tanto, identificar la razón del temor es lo que inicia el proceso.

Luego sigue buscar soluciones. Usted puede centrarse en el problema o en la solución. Encuentre la solución y empiece a trabajar para lograrla. Esta acción progresista y positiva comenzará a desvanecer el miedo. No se supera de inmediato, ni automáticamente. Se trata de una acción consciente y de una voluntad deliberada hacia hacer las cosas que le asustan. A medida que supere lentamente sus temores y comience a trabajar en ellos, usted crecerá como persona y ampliará todas las posibilidades que le ofrece su vida.

Crea en sí mismo. No deje que las dudas invadan su mente porque le roban su alegría, así como las posibilidades de un futuro brillante.

Tome Acción

"Si desea vencer el miedo, no se siente en casa y piense acerca de ello. Levántese y hágalo".

- **Dale Carnegie**

Haga algo que le asuste. ¿Tiene miedo porque usted *podría* escuchar malas noticias si va a ver a un abogado? ¡Vaya a ver al abogado! Averigüe exactamente lo que está pasando como consecuencia de su situación o estado. Edúquese a sí mismo. Aprenda. No se quede quieto. Incluso si cree que va a morir de miedo, muévase en esa dirección. Poco a poco, podrá superar el miedo.

Los resultados pueden ser fantásticos. No sólo se sentirá empoderado, también crecerá como persona. Usted aprenderá a aplicar esa nueva audacia a otros temores y otras áreas de su vida, y de repente, notará que ya no vive con tanto temor. Empezará a ver las cosas de manera diferentemente. Un día, despertará y se dará cuenta de que está realmente feliz.

He visto la transformación en muchos de mis clientes después de que dieron su primer paso en la superación de sus miedos sobre su caso de inmigración. He visto cambiar sus rostros. Estas personas parecían mucho más viejas de lo que realmente eran, pero su aspecto se transformó. Ahora se ven mucho más jóvenes. En algunos casos, esto ocurre casi inmediatamente. En otros, es gradual; el cliente acepta la buena noticia que les he dado, y que el conocimiento se absorbe lentamente en sus mentes. Cuando aceptan la verdad y creen en las posibilidades que tienen a su alcance, eso los convierte en nuevas personas.

Años de miedos y dudas desaparecen y nace una nueva esperanza en ellos.

Usted probablemente está leyendo este libro porque usted, o un ser querido suyo, tiene un caso de inmigración que le preocupa. Si usted está viviendo con miedo debido a un caso de inmigración, comience a hacer una elección intencional para superarlo. Comience por el aprendizaje y estudie todo que lo posible sobre el caso, conozca los detalles. Lo peor es tenerle miedo a lo desconocido, arroje luz sobre ese miedo educándose. Puede empezar por ir a ver a un abogado. Vaya bien preparado con los hechos sobre el caso y aprenda de ese abogado. Infórmese.

Luego aplique sus conocimientos. Si hay una solución, empiece a trabajar tanto como pueda para que esa solución suceda. Cuando mira hacia atrás, puede que se sienta enojado por haber tenido tanto miedo durante tanto tiempo. Ese monstruo que una vez fue tan grande, ahora es solo un insecto pequeño. En ese momento de realización, usted sabrá que superó su miedo. No hay palabras que realmente puedan describir ese sentimiento. Es un sentimiento de paz que le llena. Nadie puede quitárselo. A partir de ese momento, usted será una nueva persona.

Resumen

El miedo es un sentimiento desgastante que nos paraliza y evita que lleguemos a nuestras metas. No se deje vencer por él, y busque ayuda para dominarlo. En esta época del internet tenemos a nuestro alcance un sinnúmero de opciones en donde buscar información y apoyo. Aproveche estos recursos y sobrepóngase a todos sus temores.

Capítulo 13: ¿Realmente Necesito Un Abogado?

"Aquel que se representa a sí mismo, tiene por cliente a un tonto".

- **Proverbio del Siglo XIX**

¿Debería Contratar a Un Abogado?

Muchas personas me han hecho esta pregunta. La verdad es que no hay ninguna ley que diga que debe contratar a un abogado. Usted puede decidir llevar cualquier proceso legal que implique un caso de inmigración.

Pero, ¿realmente quiere hacer eso? ¿Sabe lo que está haciendo? ¿Está preparado para llenar todos los documentos usted mismo? ¿Qué pasa si se confunde? ¿Qué pasa si usted no comprende bien alguno de los conceptos? ¿Qué pasa si el gobierno pierde parte de su aplicación...o toda ella? ¿Qué pasa si ellos empiezan a exigirle documentos que no existen?, ¿o que usted cree que no tiene por qué presentar? Pasa todo el tiempo.

Así que la pregunta es ¿Debo contratar a un abogado? Ahora más que nunca, mi respuesta es un sí rotundo ¡Si! A veces mis clientes potenciales observan esa respuesta con recelo, porque piensan que sólo estoy tratando de convencerlos para que me contraten. Si van a contratar a un abogado, por supuesto que me gustaría ser el que ellos contraten, pero lo que sigo diciéndoles es que, ya sea yo o cualquier otro abogado, deben contratar a alguien legítimo, que pueda realmente ayudarles con su caso. Lo importante es que obtengan una buena y firme representación legal. Sin importar que tan sencillo o complejo sea su caso, contratar un abogado de inmigración experimentado es lo mejor que puede hacer.

Todos tenemos emociones humanas, y cuando tratamos con los problemas de nuestras vidas (ya sean problemas legales, de finanzas o de familia), estas emociones pueden fácilmente nublarnos el pensamiento. Un abogado puede ver las cosas claramente, sin la neblina de las emociones. Los abogados entienden cómo llenar correctamente los documentos y controlar otros procedimientos legales. En estos días, en especial, le aconsejo conseguir un abogado para todo lo que tenga que ver con las leyes de inmigración. La razón es porque últimamente, incluso las aplicaciones más sencillas se han vuelto sumamente complejas. La ley de inmigración es compleja, incluso para los casos que se ven normales y simples.

Todos los profesionales, incluyendo a los abogados, médicos, contadores y odontólogos, tienen una cosa en común: todos ellos tienen años de educación y formación. Dependiendo del estado en el que practiquen, los abogados generalmente deben actualizar su formación cada año.

Esta formación y entrenamiento nos ayuda a mantenernos al día con los cambios en las leyes, y a utilizarlas de forma objetiva. La intención es mejorar constantemente nuestras capacidades, por lo que podemos representar a nuestros clientes de la mejor manera y muy bien preparados. Este continuo proceso de aprendizaje puede — y suele — hacer la diferencia entre ganar y perder un caso.

Representarse a sí mismo puede conducir a resultados perjudiciales. Tuve un caso en que una mujer estaba siendo pedida por su hijo. Parecía un tipo bastante sencillo de aplicación. Ella me contrató para preparar la aplicación, y se presentó. Repasamos todo el caso y tuve una entrevista extensa con ella durante la preparación para su presentación.

Sin embargo, ella no continuó con mi representación cuando fue a su entrevista con la USCIS. En cambio, decidió representarse a sí misma antes de la entrevista oficial. En la entrevista, fue interrogada acerca de una presentación anterior para residente legal que había hecho basándose en su matrimonio con un hombre que ya había fallecido. Su solicitud fue negada posteriormente; ya que, entre su aplicación anterior y la nueva, fueron descubiertas ciertas discrepancias que hacía parecer como si su matrimonio con ese esposo hubiese sido hecho sólo para que ella pudiera conseguir sus papeles de inmigración.

El archivo que el gobierno tuvo de ella durante todos estos años demostraba que ella y su ahora fallecido esposo habían sido entrevistados dos veces, y, en ese entonces, se había determinado que había presentado una solicitud fraudulenta. A pesar de que nunca se le informó de esa determinación, esto afectó su capacidad para la petición que presentó su hijo.

Cuando ella llegó a mi oficina a revisar la negación, le pregunté por qué no me había dicho todo acerca de ese caso. Ella respondió que no pensaba que fuese importante, y que, de todas formas, no recordaba que las cosas hubieran ocurrido de esa manera.

En otro caso, un cliente aplicó para su naturalización, después de haber sido un residente permanente legal por un poco más de 5 años. Todo iba bien en su aplicación, hasta que llegó a la entrevista sin un abogado. Allí le comentaron que habían descubierto que había ingresado a Estados Unidos como el marido de una mujer a la que se le había dado asilo. El problema era que él se había divorciado de esa mujer justo antes de entrar los Estados Unidos. La solicitud de naturalización se le negó porque, legalmente, él no podía haber entrado a los Estados Unidos como un derivado de la aplicación de su mujer y su estatus de residente permanente legal se le había dado por error.

Como abogado, personalmente he tratado con muchos de estos casos. El denominador común en la mayoría de ellos es que estos problemas podrían haberse evitado si se hubiera preparado adecuadamente la documentación o si hubiese existido la presencia de un abogado.

Algunos ven la idea de contratar a un abogado como un gasto innecesario. Asocian la idea de tener un abogado como algo extravagante.

La forma correcta de mirarlo es ver al abogado como alguien que puede proporcionar paz mental, orientación adecuada y el conocimiento necesario para lograr ganar su caso. De esa manera podrá asegurarse de que cualquier proceso para el que lo haya contratado se realizará con precisión y de la manera correcta, y se evitarán errores y problemas en el futuro.

Maximizar la posibilidad de un resultado exitoso en su caso puede considerarse como una inversión. Estamos hablando de su vida y su futuro, o el de su familia. Este no es un momento adecuado para ser frugal. No tener un abogado experimentado que le ayude en su caso puede terminar costándole mucho más a largo plazo.

Usted me contratará como su abogado porque sabe que puedo ayudarle. Puedo mejorar las posibilidades de que su caso tenga éxito, y me aseguraré de que su caso sea ampliamente considerado por parte de las autoridades. Y si no es así, litigaré o haré lo que sea necesario para que reciba un trato justo. El gobierno tiene sus oficiales y sus abogados, y usted debe tener los suyos.

Resumen

¿Debe contratar a un abogado para su caso de inmigración? Mi respuesta a esa pregunta siempre es sí, Debe contratarlo. Usted necesita una sólida representación legal. Si está en un proceso de deportación, sería un gran descuido no contratar un abogado. Si quiere tranquilidad, precisión y una mejor oportunidad de éxito, consulte y contrate a un abogado.

En mi oficina hacemos la mayoría de los procesos varias veces al mes, mientras que usted se encontrará resolviendo, posiblemente, un sólo caso de inmigración una vez en toda su vida. ¿No tiene sentido contratar a alguien que sepa cómo ayudarle adecuadamente a través de ese complicado proceso?

Estoy a su Disposición

¿Necesita ayuda con un caso de inmigración? ¿Está enfrentando un caso de deportación ante a un tribunal de inmigración? ¿Tiene una solicitud que necesita ser presentada para usted o un miembro de la familia? ¿Ya ha presentado su caso con el gobierno?

Para estas situaciones o cualquier otro tipo de asunto de inmigración, usted puede llamar a mi oficina para obtener ayuda desde cualquier parte del país que se encuentre. Usando la tecnología más avanzada, estamos preparados para servirle desde dondequiera que se encuentre, incluyendo Internet, teleconferencias, videoconferencias y entrevistas en persona. No deje que el miedo le impida buscar ayuda profesional. Esa puede ser la diferencia.

Durante la primera consulta con un cliente, mi objetivo es informarme todo lo que pueda acerca de las particularidades de su caso. Con esta información, puedo aconsejarlos con precisión sobre cómo puedo ayudarlos. Mi promesa a mis clientes es: Después de una consulta conmigo, usted entenderá mucho más sobre su caso, y sabrá claramente lo que se puede hacer.

Desde que fui admitido para practicar como abogado en 1991, he manejado miles de casos y siempre me he centrado en representar a mis clientes usando todas las herramientas legales disponibles para lograr el éxito. El área de atención primaria y específica en mi práctica es la ley de inmigración. Incluso después de más de dos décadas de vasta experiencia profesional, todavía me ocupo personalmente en cada uno de los casos de mi oficina. Si decido representarte, estaré Involucrado en tu caso de principio a fin.

Llame hoy mismo para hacer una cita gratis. Podría ser una de las decisiones más sabias que hará.

Oficinas en Miami, Florida
1414 NW 107 Ave, Suite 203
Miami, Florida 33172

Oficinas en York, Pennsylvania
18 South George Street, Suite 615
York, Pennsylvania 17401

Teléfono: 786-837-6650

Correo electrónico: cardenas@cardenaslawfirm.com
Página Web: www.ConsultoriaJuridica.com

www.ingramcontent.com/pod-product-compliance
Lightning Source LLC
LaVergne TN
LVHW022318080426
835509LV00036B/2740